Leicht gemacht
BACKEN

Leicht gemacht
BACKEN

**Über 140 leckere Rezepte, 500 Farbfotografien,
Schritt-für-Schritt-Anleitungen und Nährwertinformationen**

Bath · New York · Singapore · Hong Kong · Cologne · Delhi
Melbourne · Amsterdam · Johannesburg · Shenzhen

Cover und Layout: Geoff Borin
Neue Fotos: Clive Streeter
Neues Food Styling: Angela Drake und Sally Streeter
Einleitung, Tipps und neue Rezepte: Angela Drake
Nährwertanalyse: Fiona Hunter

Parragon Books Ltd
Queen Street House
4 Queen Street
Bath BA1 1HE, UK

Realisation der deutschen Ausgabe: trans texas publishing, Köln
Übersetzung: Lisa Voges, Köln
Lektorat: Şebnem Yavuz, Erpel
Satz: Regine Ermert, Köln

ISBN 978-1-4454-9521-7

Printed in China

HINWEIS
Sofern die Schale von Zitrusfrüchten benötigt wird, verwenden Sie unbedingt unbehandelte
Früchte. Sind Zutaten in Löffeln angegeben, ist immer ein gestrichener Löffel gemeint:
Ein Teelöffel entspricht 5 ml, ein Esslöffel 15 ml. Sofern nicht anders angegeben, wird
Vollmilch (3,5 % Fett) verwendet. Es sollte stets frisch gemahlener schwarzer Pfeffer
verarbeitet werden. Bei Eiern und einzelnen Gemüsesorten, z. B. Kartoffeln, verwenden
Sie mittelgroße Exemplare.

Garnierungen, Dekorationen und Serviervorschläge sind kein fester Bestandteil der Rezepte
und daher nicht unbedingt in der Zutatenliste oder Zubereitung aufgeführt. Alle optionalen
Zutaten und Gewürze, die nach Belieben oder Geschmack verwendet werden, sind in der
Nährwertanalyse nicht berücksichtigt. Die angegebenen Zeiten können von den tatsäch-
lichen abweichen, da je nach Zubereitungsmethode und vorhandenem Herdtyp Schwan-
kungen auftreten. Optionale Zutaten, Variationen oder Serviervorschläge sind bei den
Zeitangaben nicht berücksichtigt.

Kinder, ältere Menschen, Schwangere, Kranke und Rekonvaleszenten sollten auf Gerichte mit
rohen oder nur leicht gegarten Eiern verzichten. Schwangere und stillende Frauen sollten
den Verzehr von Erdnüssen oder erdnusshaltigen Zubereitungen vermeiden. Allergiker sollten bedenken, dass in allen in diesem Buch verwendeten Fertigprodukten Spuren von Nüssen enthalten sein könnten. Bitte lesen Sie in jedem Fall zuvor die Verpackungsangaben.

Vegetarier sollten darauf achten, dass einige der Fertigprodukte tierische Produkte enthalten
könnten. Bitte lesen Sie in jedem Fall zuvor die Verpackungsangaben.

Inhalt

Einleitung 8

Kuchen & Torten 16

Cupcakes & Muffins 66

Schnitten & Riegel 116

Plätzchen & Kekse 166

Desserts 216

Pies & Brote 266

Register 316

Spaß am Backen

Selbst gebackene Kuchen sind etwas ganz Besonderes. Sie mögen vielleicht nicht immer so perfekt aussehen wie Ware aus der Konditorei, dafür schmecken sie in der Regel viel besser, und außerdem weiß man genau, welche Zutaten drinstecken. Nie war Backen so beliebt wie heute …

Dieser Band ist die perfekte Wahl für alle Backanfänger, die die Grundlagen des Backens kennenlernen wollen. Aber auch erfahrene Bäcker und Bäckerinnen werden einige neue und originelle Ideen entdecken, um ihr Repertoire zu erweitern. Von den über 140 Rezepten – von Cupcakes, Muffins und Plätzchen über klassische Kuchen und Torten bis hin zu Broten und gebackenen Desserts – sind viele ganz einfach und im Handumdrehen zubereitet, während andere etwas mehr Zeit und Erfahrung benötigen.

Auf den folgenden Seiten finden Sie eine kleine Einführung in die Kunst des Backens mit wichtigen und nützlichen Informationen zu Backzutaten, Ausstattung, Techniken und Methoden und im Anschluss sechs Kapitel voll mit leckeren Rezepten. Die Anleitungen sind klar und Schritt für Schritt beschrieben und werden durch erklärende Abbildungen unterstützt. Außerdem finden Sie nützliche Tipps und Hinweise, z. B. zum Einfrieren, zur Zeitersparnis oder über geschmackliche Varianten.

Einmaleins des Backens

- Bevor Sie loslegen, räumen Sie die Arbeitsfläche frei, sodass Sie genügend Platz haben, und reinigen Sie diese.

- Prüfen Sie, ob Sie alle benötigten Zutaten vorrätig haben!

- Die Backform sollte die im Rezept angegebene Größe haben und eingefettet und/oder mit Backpapier ausgelegt werden.

- Heizen Sie den Backofen rechtzeitig auf die angegebene Temperatur vor und nehmen Sie die Eier mindestens 1 Stunde vorher aus dem Kühlschrank. Falls das Rezept „weiche Butter" verlangt, sollte diese ebenfalls etwa 1 Stunde vorher aus dem Kühlschrank genommen werden.

- Hefeteig geht schneller und besser auf, wenn er an einen warmen Platz ohne Zugluft gestellt wird.

- Bei der Zubereitung von Mürbeteig sollten Hände und Utensilien so kalt wie möglich sein, damit das Fett nicht zu warm und der Teig dadurch klebrig wird.

Es gibt nichts Schöneres, als Familie und Freunde mit selbst gemachten Köstlichkeiten zu verwöhnen.

- Zutatenmengen sollten immer exakt ausgewogen bzw. gemessen werden. Bei Löffelmaßen, z. B. bei Backpulver, sind spezielle Messlöffel besonders praktisch.

- Die Backofentür sollte auf keinen Fall zu früh geöffnet werden – durch den kälteren Luftzug kann der Teig zusammenfallen.

- Zur Garprobe drücken Sie bei leichten Teigen mit dem Finger leicht auf die Oberfläche. Der Teig sollte elastisch nachgeben. Bei schwereren Teigen stecken Sie ein Holzstäbchen in die Mitte; es sollte sauber und trocken wieder herauskommen.

- Um zu prüfen, ob ein Brot durchgebacken ist, heben Sie das Brot mit einem dicken Tuch an und klopfen Sie gegen den Boden: Es sollte sich hohl anhören.

- Kuchen und andere Backwaren sollten stets vollständig erkaltet sein, bevor sie zur Lagerung verpackt werden.

Die wichtigsten Backzutaten

Was immer Sie backen möchten – gute Ergebnisse lassen sich nur mit guten Zutaten erzielen. Wir stellen Ihnen hier die wichtigsten vor.

Die besten Backergebnisse erzielen Sie, wenn die verwendeten Eier Zimmertemperatur haben.

Mehl

• Mehl gibt es in verschiedenen Ausmahlgraden, die nach ihrem Gehalt an Mineral- und Ballaststoffen in Typen klassifiziert werden. Mehl Type 405 z. B. hat den niedrigsten Mineralgehalt und ist besonders fein und hell. Es ist ideal für alles Feingebäck. Mehl der Type 550 eignet sich besonders für Brötchen und süßes Hefebrot. Die Typen 812 und 1050 binden mehr Flüssigkeit. Dank ihres kräftigeren Geschmacks sind sie ideal für Mischbrote. Vollkornmehle werden, wie der Name schon sagt, aus dem ganzen Korn gemahlen.

• Speisestärke dient hauptsächlich als Bindemittel, kann aber Backwaren eine leichte und knusprige Textur geben.

Fette

• Butter hat ein wunderbares, feines Aroma und ist meist die beste Wahl zum Backen. Es ist egal, ob Sie Süß- oder Sauerrahmbutter nehmen – Hauptsache ungesalzen.

• Margarine kann als Ersatz verwendet werden, doch fehlt ihr das reichhaltige Butteraroma. Lesen Sie immer auf der Packung nach, ob die Margarine zum Backen geeignet ist. Halbfettmargarine ist z. B. nicht zum Backen geeignet.

• Schmalz ist gehärtetes tierisches Fett, das traditionell für eine leichte und knusprige Textur eingesetzt wird. Weißes Pflanzenfett ist eine gute vegane (und gesündere) Alternative, da z. B. Kokosfett keine gesättigten Fettsäuren enthält.

• Mit Öl gebackene Kuchen sind lange haltbar. Verwenden Sie geschmacksneutrales Pflanzenöl.

Zucker und Sirup

• Feiner weißer Zucker (Raffinade) ist ideal zum Backen, da er sich aufgrund der feinen Körnung schnell auflöst. Unraffinierter Rohrohrzucker hat eine hellbraune Farbe mit leichtem Karamellaroma.

• Rohrzucker und der dunklere Muskovado-Zucker haben eine geringere Süßkraft als weißer Zucker, fügen dem Teig aber ein volleres, karamellartiges Aroma und eine schöne Farbe hinzu.

• Demerara-Zucker ist eine Rohrzuckersorte mit gröberen und dunkleren Kristallen. Auf Plätzchen gestreut oder in Streuseln sorgt er für eine knusprige Textur.

• Puderzucker ist gemahlener weißer Zucker, der sich sehr

schnell auflöst. Er ist unverzichtbar zur Herstellung von Glasuren.

• Heller und dunkler Zuckerrübensirup, Honig und Ahornsirup können teilweise oder ganz als Zuckerersatz dienen und werden in manchen Rezepten zum Glasieren und Beträufeln verwendet.

Eier

• Eier sollten möglichst frisch und nicht direkt aus dem Kühlschrank verwendet werden, so erzeugen sie beim Rühren mehr Volumen. Achten Sie auf die im Rezept angegebene Eiergröße.

Triebmittel

• Backpulver, Speisenatron oder Weinstein werden zur Teiglockerung eingesetzt. Sie sollten immer

trocken aufbewahrt und unbedingt vor dem Mindesthaltbarkeitsdatum verwendet werden, da sie sonst ihre Triebkraft verlieren.

Aromen

• Vanille-, Mandel- und andere Backaromen sind in unterschiedlicher geschmacklicher Intensität erhältlich. Achten Sie bei der Dosierung auf die Herstellerangaben.

Trockenfrüchte und Nüsse

• Damit Trockenfrüchte lange haltbar bleiben, sollten sie unbedingt luftdicht verpackt sein, sonst werden sie schnell hart. Kandierte Früchte wie Belegkirschen sollten vor Gebrauch abgespült und trocken getupft werden, um die sirupartige Schicht zu entfernen.

• Gehackte Nüsse sorgen für Geschmack und Textur; gemahlene Nüsse für eine saftige Konsistenz. Wegen ihres hohen Ölgehalts werden Nüsse schnell ranzig und sollten nur in kleineren Mengen gekauft und an einem kühlen, dunklen Ort oder im Tiefkühlfach gelagert werden. Kaufen Sie möglichst ganze Nüsse und mahlen oder hacken Sie sie frisch nach Bedarf.

Schokolade

• Die Schokolade sollte eine relativ hohe Kakaotrockenmasse zwischen 50 und 70 % haben (Zartbitterschokolade). Vollmilchschokolade hat einen wesentlich niedrigeren Anteil, weiße Schokolade gar keinen, denn sie besteht nur aus Kakaobutter und Milchprodukten.

Backmethoden und -techniken

Hier stellen wir Ihnen einige Methoden und Grundtechniken vor, die Sie kennen sollten, damit das Backen gelingt.

Rühren

Butter und Zucker werden so lange gerührt, bis eine helle, cremige und lockere Masse mit weicher, streichfähiger Konsistenz entsteht.

Verwenden Sie dazu einen Holzlöffel oder ein elektrisches Handrührgerät auf niedriger Stufe. Die Masse darf nicht zu lange gerührt werden, sonst wird sie ölig.

Eier Zugeben

Die Eier werden immer erst verquirlt, bevor sie in den Teig gegeben werden. Arbeiten Sie die Eiermasse nach jeder Zugabe sorgfältig in den Teig ein. Falls er gerinnt, rühren Sie vor der nächsten Zugabe löffelweise etwas von der abgemessenen Mehlmenge unter.

Unterziehen

Dazu werden die Trockenzutaten gesiebt und mit einem großen Metalllöffel oder Teigschaber vorsichtig mit Schneidebewegungen in den Teig gearbeitet. Verwenden Sie dazu keinen Holzlöffel und rühren Sie die Mischung nicht, weil der Teig sonst seine luftige Konsistenz verliert und der Kuchen zu fest wird.

Verreiben

Diese Technik ist bei Mürbeteig angesagt. Das Fett sollte gut gekühlt und klein gewürfelt sein und Ihre Hände sauber und kalt, bevor Sie Fett und Mehl mit den Fingern zu einer krümeligen Masse verreiben. Schütteln Sie gelegentlich die Schüssel, damit noch nicht verriebene größere Fettstückchen nach oben gelangen.

Aufschlagen

Für einen lockeren Eischnee oder Biskuit muss viel Luft ins Eiweiß oder den Teig gearbeitet werden. Am einfachsten gelingt dies mit einem elektrischen Rührgerät.

Blindbacken

Diese Technik wird genutzt, um einen Boden aus Mürbeteig vor- oder ganz zu backen, bevor er gefüllt wird.

Dazu wird der Teigboden mit Backpapier belegt und mit getrockneten Hülsenfrüchten oder speziellen Backperlen beschwert, damit der Boden flach bleibt und der Rand nicht zusammenschrumpfen kann.

Damit es schneller geht, verwenden Sie ein elektrisches Handrührgerät oder einen Schneebesen – gut für Ihre Armmuskulatur!

Kneten

Mit dieser Technik werden Teigzutaten fest verbunden. Während
Mürbeteig möglichst kurz geknetet
werden sollte, ist bei Hefeteig ein
langes, 5- bis 10-minütiges Kneten
durch Schieben und Drücken er-
forderlich. Dadurch wird der Teig
locker, weich und elastisch und
erhält beim Gehen mehr Volumen.

Schokolade schmelzen

Dazu wird die in Stücke gebrochene Schokolade in eine hitzebeständige Schüssel gegeben und diese
auf einen Topf mit leicht köcheln-
dem Wasser gesetzt, bis die Schokolade darin geschmolzen ist.

Achten Sie darauf, dass keine
Wasserspritzer und kein Kondens-
wasser in die Schokolade gelangt,
da sie sonst körnig werden kann.

Überziehen

Um Kuchen mit einer Glasur oder
Creme zu überziehen, wird er mit
einem Palettenmesser zunächst mit
einer sehr dünnen Schicht einge-
strichen, um Krümel zu binden und
Teigunebenheiten auszugleichen.
Erst dann wird rundum eine dicke-
re Schicht aufgetragen – entweder
ganz glatt oder mit Struktur, indem
das Palettenmesser in unterschied-
lichen Winkeln angesetzt wird.

Spritzen

Glasuren, Schlagsahne oder
Cremes können mit einem Spritzbeutel mit Stern- oder Lochtülle
aufgetragen werden. Drehen Sie
die Beutelöffnung mit einer Hand
zu, damit die Masse nicht oben herausquillt, und drücken Sie mit der
anderen Hand fest auf den Beutel.

Backutensilien

Wenn Sie regelmäßig backen, ist die Anschaffung hochwertiger Backutensilien durchaus lohnend: Sie halten lange und sorgen für bessere Ergebnisse. Wenn Sie aber eine Form nur einmalig benötigen, fragen Sie am besten erst mal bei Freunden oder Nachbarn nach.

Ausgefallene Backformen, die Sie vielleicht nur einmal für einen ganz besonderen Anlass benötigen, kann man übrigens mieten. Anbieter finden Sie im Internet.

Backformen

Hochwertige Backformen aus Metall haben ihren Preis, doch leiten sie die Hitze gleichmäßig, sind lange haltbar und formstabil. Viele sind mit einer Antihaftbeschichtung versehen, was das Herauslösen bzw. Stürzen des Kuchens erleichtert. Aus flexiblen Silikonbackformen lassen sich Backwaren besonders leicht herausdrücken. Backformen jeder Art sollten in warmem Seifenwasser abgespült werden und vor dem Wegräumen vollständig trocken sein. Für die Backrezepte in diesem Band benötigen Sie vor allem folgende Formen:

- 2 Springformen (20 cm Ø), 1 Springform (24 cm Ø)
- 1 Quicheform (20–24 cm Ø)
- Kastenformen (500 ml bzw. 1 l Inhalt), rechteckige Backformen
- 2 Backbleche
- 12er-Muffinform
- 1 Tarteform mit herausnehmbarem Boden (20–24 cm Ø),
- einzelne Tartelettförmchen (10 cm Ø), kleine Souffléförmchen

Backform vorbereiten

Folgen Sie hierzu immer der Anleitung im Rezept. Fetten Sie Formen mit zerlassener oder weicher Butter bzw. einem Pflanzenöl ein. Gelegentlich muss die Form noch bestäubt werden. Dazu etwas Mehl in die gefettete Form streuen und durch Schütteln und Klopfen gleichmäßig auf Boden und Rand verteilen. Überschüssiges Mehl wird ausgeschüttet.

Waage

Entscheidend für erfolgreiches Backen ist das exakte Abwiegen aller Zutaten. Dies gelingt natürlich nur mit einer präzisen Küchenwaage. Sie haben die Wahl zwischen einfachen mechanischen und genauer messenden digitalen Waagen.

Handrührer / Küchenmaschine

Kein absolutes Muss, aber vielseitig einsetzbar und eine große Arbeitserleichterung. Ein Handrührer mit mindestens drei Geschwindigkeitsstufen reicht für die meisten Zwecke aus.

Rührschüsseln

Drei bis vier verschieden große Schüsseln sind unabdingbar zum Rühren, Mischen und Schmelzen von Butter oder Schokolade (hitzebeständiges Glas ist hier ideal).

Messlöffel und -becher

Ein Löffelset mit Standardmaßen erleichtert exaktes Messen. Falls nicht anders angegeben, werden gestrichene Maße verwendet. Ein Messbecher erleichtert das Abmessen von Flüssigkeiten.

Siebe

Wählen Sie feinmaschige Haarsiebe, die nach Gebrauch gespült und sorgfältig getrocknet werden.

Löffel und Teigschaber

Nützlich sind ein Holzlöffel sowie ein großer Löffel aus Metall zum Rühren und Unterziehen. Teigschaber in verschiedenen Größen aus flexiblem Silikon sind besonders praktisch zum Herausschaben des Teigs aus der Schüssel sowie zum Rühren, Verstreichen oder Glätten.

Weitere Helfer

- Teigrolle
- Backpinsel
- Ausstechformen
- Reibe
- Spritzbeutel mit verschiedenen Tüllen
- Zitruspresse

- Schneebesen
- Palettenmesser
- Kuchengitter

Ofen und Backzeiten

Da sich Backöfen je nach Energieart (Gas oder Elektro) und Beheizung (konventionell oder Heißluft) teilweise stark in ihrer Heizleistung unterscheiden können, sind die Temperaturangaben in unseren Rezepten lediglich Richtwerte. Wenn Sie das Gefühl haben, dass Ihr Ofen zu stark oder zu schwach heizt, ist die Anschaffung eines Ofenthermometers zu empfehlen. Heißluftöfen sollten generell etwa 20–30 °C niedriger eingestellt werden. Beachten Sie dazu auch die Angaben des Geräteherstellers.

Klassische Schokoladentorte 18

Sommerliche Beerentorte 20

Mokkakranz 22

Rote Samttorte 24

Blaubeer-Polenta-Kuchen 26

Victoria-Torte 28

Sauerkirschtorte 30

Mokkatorte mit weißer Schokoladencreme 32

Madeirakuchen 34

Apfelstreuselkuchen 36

Schokoladencremetorte 38

Kürbis-Gewürz-Kuchen 40

Italienische Kaffeetorte 42

Ingwerbrot 44

Kokostorte 46

Gefüllter Biskuit mit Schokohaube 48

Ananas-Kokos-Kranz 50

Beerenkranz 52

Ganache-Schokoladentorte 54

Zimt-Walnuss-Torte 56

Früchtekuchen 58

Grashüpfertorte 60

Nusskranz mit Ahornsirup 62

Mokka-Walnuss-Torte 64

Kuchen & Torten

Klassische Schokoladentorte

 **FÜR**
10 Personen

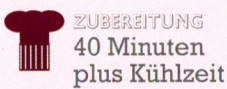 **ZUBEREITUNG**
40 Minuten
plus Kühlzeit

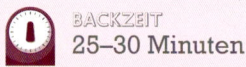 **BACKZEIT**
25–30 Minuten

Nährwerte pro Portion	581 kcal, 41 g Fett, davon 25 g gesättigt, 32 g Zucker, 0,7 g Salz

Nichts geht über ein Stück saftige Schokoladentorte mit einer samtigen Schokoladencreme.

ZUTATEN

50 g Kakaopulver

100 ml kochendes Wasser

200 g weiche Butter, plus etwas mehr zum Einfetten

125 g Feinstzucker

70 g Rohrzucker

4 Eier, verquirlt

5 Tropfen Vanillearoma

200 g Mehl

1½ TL Backpulver

Schokoladencreme

200 g Zartbitterschokolade, in Stücken

120 g Butter

100 g Schlagsahne

1. Den Backofen auf 180 °C vorheizen. Zwei Springformen (20 cm Ø) einfetten und mit Backpapier auslegen.

2. Den Kakao im kochenden Wasser auflösen und beiseitestellen. Butter und beide Zuckersorten in einer Schüssel hell und cremig rühren. Nach und nach die Eier einarbeiten, dann Kakaomischung und Vanillearoma unterrühren.

3. Mehl und Backpulver darübersieben und vorsichtig unterziehen. Den Teig zu gleichen Teilen in die vorbereiteten Formen füllen und im vorgeheizten Ofen 25–30 Minuten backen, bis er gut aufgegangen ist und auf Fingerdruck elastisch nachgibt. Die Tortenböden 5 Minuten in den Formen abkühlen lassen, dann auf ein Kuchengitter stürzen und vollständig erkalten lassen.

4. Für die Schokoladencreme Schokolade und Butter in einer hitzebeständigen Schüssel über einem Wasserbad schmelzen. Die Schüssel vom Wasserbad nehmen und die Sahne einrühren. Etwa 20 Minuten abkühlen lassen, dann unter gelegentlichem Rühren 40–50 Minuten im Kühlschrank setzen lassen, bis die Creme streichfähig ist.

5. Die Teigböden mit einem Drittel der Schokoladencreme zusammensetzen. Mit der restlichen Creme die Torte rundum dekorativ überziehen.

Sommerliche Beerentorte

 **FÜR**
16 Personen

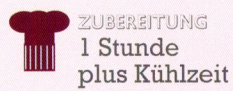 **ZUBEREITUNG**
1 Stunde
plus Kühlzeit

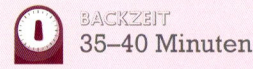 **BACKZEIT**
35–40 Minuten

Nährwerte pro Portion	502 kcal, 33 g Fett, davon 20 g gesättigt, 35 g Zucker, 0,6 g Salz

Diese beeindruckende Torte ist perfekt für den Nachmittagskaffee oder als Dessert nach einem leichten Essen in sommerlicher Atmosphäre. Verwenden Sie feste, unbeschädigte Beeren zum Dekorieren, damit kein Fruchtsaft die Frischkäsecreme aufweicht.

ZUTATEN

280 g weiche Butter, plus etwas mehr zum Einfetten

280 g Feinstzucker

5 Eier, verquirlt

5 Tropfen Vanillearoma

280 g Mehl

2½ TL Backpulver

3 EL Milch

5 EL Himbeer- oder Erdbeerkonfitüre

150 g Schlagsahne

350–400 g feste, frische Beeren, z. B. Himbeeren, Erdbeeren, Blaubeeren

Puderzucker, zum Bestäuben

Frischkäsecreme

200 g Frischkäse

100 g weiche Butter

1 TL Zitronensaft

100 g Puderzucker

Lebensmittelfarbe in Pink

1. Den Backofen auf 180 °C vorheizen. Zwei Springformen (20 cm Ø) einfetten und mit Backpapier auslegen. Butter und Zucker in einer Schüssel hell und cremig rühren. Nach und nach die Eier einarbeiten und das Vanillearoma unterrühren. Mehl und Backpulver darübersieben und vorsichtig unter den Teig ziehen. Die Milch unterrühren. Den Teig zu gleichen Teilen in die vorbereiteten Formen füllen und im vorgeheizten Ofen 35–40 Minuten backen, bis die Tortenböden gut aufgegangen sind und auf Fingerdruck elastisch nachgeben. Auf ein Kuchengitter stürzen und auskühlen lassen.

2. Einen Tortenboden auf einen Kuchenteller setzen und mit der Konfitüre bestreichen. Die Sahne steif schlagen und bis fast an den Rand auf der Konfitüre verstreichen. Den zweiten Tortenboden daraufsetzen und leicht andrücken, sodass die Sahne bis zum Rand herausquillt.

3. Für die Frischkäsecreme den Frischkäse mit der Butter glatt rühren. Zitronensaft und Puderzucker sorgfältig unterrühren. Mit sehr wenig Lebensmittelfarbe zartpink einfärben. Mit einem Palettenmesser Oberfläche und Rand der Torte dünn mit der Creme einstreichen, um die Krümel zu binden. Im Kühlschrank 15 Minuten fest werden lassen.

4. Nun die Torte mit einer zweiten, dickeren Cremeschicht einstreichen und mit dem Palettenmesser dekorative Vertiefungen einziehen. Unmittelbar vor dem Servieren die Torte mit den Beeren belegen und mit etwas Puderzucker bestäuben.

3  **4**  **4**

Mokkakranz

 **FÜR**
14 Personen

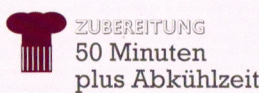 **ZUBEREITUNG**
50 Minuten
plus Abkühlzeit

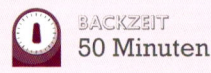 **BACKZEIT**
50 Minuten

Nährwerte pro Portion	505 kcal, 28 g Fett, davon 17 g gesättigt, 36 g Zucker, 0,9 g Salz

Aufgrund des Lochs in der Mitte der Form ist Kuchenteig in Bund- oder Kranzformen relativ schnell gar, wird aber nicht trocken.

ZUTATEN

275 g weiche Butter, plus etwas mehr zum Einfetten

400 g Mehl, plus etwas mehr zum Bestäuben

1 EL Backpulver

1 TL Speisenatron

1 Prise Salz

3 EL Instantespressopulver

125 g Muskovado-Zucker

225 ml Ahornsirup

3 Eier, verquirlt

225 ml Buttermilch

225 g Schlagsahne

Glasur

4 EL Ahornsirup

200 g Puderzucker

15 g Butter, zerlassen

20 schokolierte Kaffeebohnen

1. Den Backofen auf 180 °C vorheizen. Eine Bund- oder Gugelhupf-form (3 l Inhalt) einfetten und leicht mit Mehl ausstäuben.

2. Mehl, Backpulver, Natron, Salz und Espressopulver in eine Schüssel sieben. In einer zweiten Schüssel Butter und Zucker mit einem elektrischen Rührgerät hell und cremig rühren. Nach und nach den Ahornsirup einarbeiten. Die Eier langsam unterrühren. Dazwischen 3 Esslöffel Mehl zufügen, damit die Masse nicht gerinnt.

3. Buttermilch und Sahne vermischen und die Hälfte in den Teig rühren. Die Hälfte der Mehlmischung unterziehen. Nun restliche Buttermilch- und Mehlmischung einarbeiten.

4. Den Teig in die vorbereitete Form füllen und glatt streichen. Im vorgeheizten Ofen etwa 50 Minuten backen. Zur Probe ein Holzstäbchen in die Mitte stechen; es sollte sauber und trocken herauskommen. Den Kuchen 10 Minuten in der Form abkühlen lassen, dann auf ein Kuchengitter stürzen und erkalten lassen.

5. Für die Glasur Ahornsirup, 150 g Puderzucker und Butter in einer Schüssel verrühren, bis die Masse glatt ist und einen Holzlöffel dick überzieht. Den Kuchen auf einen Kuchenteller setzen und mit der Glasur überziehen, sodass sie an den Seiten hinabläuft.

6. Den restlichen Puderzucker mit 1½–2 Teelöffeln Wasser glatt rühren und den Kuchen damit beträufeln. Mit den Kaffeebohnen dekorieren.

2

5

6

Rote Samttorte

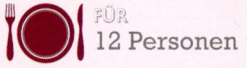
FÜR
12 Personen

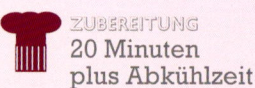
ZUBEREITUNG
20 Minuten
plus Abkühlzeit

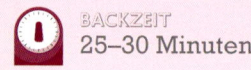
BACKZEIT
25–30 Minuten

Nährwerte pro Portion	510 kcal, 32 g Fett, davon 20 g gesättigt, 28 g Zucker, 0,5 g Salz

Diese beliebte amerikanische Torte besteht aus einem saftigen, mit Lebensmittelfarbe tiefrot eingefärbten Schokoladenteig, der mit einer traditionellen Vanille-Frischkäse-Creme glasiert wird.

ZUTATEN

225 g Butter, plus etwas mehr zum Einfetten

4 EL Wasser

50 g Kakaopulver

3 Eier, verquirlt

250 ml Buttermilch

2 Tropfen Vanillearoma

2 EL rote Lebensmittelfarbe

280 g Mehl

50 g Speisestärke

1½ TL Backpulver

280 g Feinstzucker

Frischkäsecreme

250 g Frischkäse

40 g Butter

3 EL Feinstzucker

5 Tropfen Vanillearoma

1. Den Backofen auf 190 °C vorheizen. Zwei Springformen (24 cm Ø) mit Butter einfetten und mit Backpapier auslegen.

2. Die Butter mit Wasser und Kakao in einem Topf unter Rühren sanft erhitzen, bis die Masse glatt ist. Vom Herd nehmen und leicht abkühlen lassen.

3. Eier, Buttermilch und Vanillearoma in einer Schüssel schaumig rühren und mit der Lebensmittelfarbe rot einfärben. Die Buttermischung unterrühren. Mehl, Speisestärke und Backpulver darübersieben, den Zucker zufügen und alles rasch zu einem glatten Teig verarbeiten.

4. Den Teig zu gleichen Teilen in die vorbereiteten Formen füllen, glatt streichen und 25–30 Minuten im vorgeheizten Ofen backen, bis er aufgegangen ist und auf Fingerdruck elastisch nachgibt. Die Böden 3–4 Minuten in der Form abkühlen lassen, dann auf ein Kuchengitter stürzen und vollständig erkalten lassen.

5. Für die Creme alle Zutaten in einer großen Schüssel glatt rühren. Die Teigböden mit je der Hälfte der Creme bestreichen und aufeinandersetzen.

Blaubeer-Polenta-Kuchen

 FÜR
8 Personen

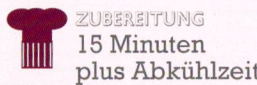 ZUBEREITUNG
15 Minuten
plus Abkühlzeit

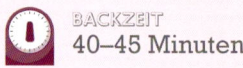 BACKZEIT
40–45 Minuten

Nährwerte pro Portion	388 kcal, 25 g Fett, davon 10 g gesättigt, 21 g Zucker, 0,5 g Salz

Statt mit Mehl wird dieser Kuchen mit Polenta zubereitet, was ihm eine besondere Textur und eine herrlich gelbe Farbe verleiht.

ZUTATEN

125 g weiche Butter, plus etwas mehr zum Einfetten

150 g Feinstzucker

fein abgeriebene Schale von 1 Zitrone, plus 2 EL Zitronensaft

3 Eier, verquirlt

120 g Polenta

120 g gemahlene Mandeln

1 TL Backpulver

4 EL griechischer Joghurt

120 g frische Blaubeeren

Puderzucker, zum Bestäuben

1. Den Backofen auf 180 °C vorheizen. Eine Springform (20 cm Ø) einfetten und mit Backpapier auslegen.

2. Butter, Zucker, Zitronenschale und -saft in einer großen Schüssel hell und cremig rühren. Nach und nach die Eier einarbeiten. Polenta, Mandeln, Backpulver und Joghurt unterrühren.

3. Zwei Drittel der Blaubeeren unterheben. Den Teig in die vorbereitete Form füllen und glatt streichen. Die restlichen Blaubeeren darauf verteilen.

4. Im vorgeheizten Ofen 40–45 Minuten backen, bis der Teig am Rand goldbraun ist. Den Kuchen 20 Minuten in der Form abkühlen lassen, dann auf ein Kuchengitter heben. Warm oder kalt, mit Puderzucker bestäubt, servieren.

2

3

4

DAZU PASST
Servieren Sie den
Kuchen warm mit
Vanilleeis oder
einem Löffel
Crème fraîche mit
ein paar frischen
Blaubeeren.

Victoria-Torte

FÜR
8 Personen

ZUBEREITUNG
30 Minuten
plus Abkühlzeit

BACKZEIT
25–30 Minuten

Nährwerte pro Portion	566 kcal, 42 g Fett, davon 25 g gesättigt, 28 g Zucker, 0,8 g Salz

Diese sommerliche, mit Konfitüre, Schlagsahne und frischen Erdbeeren gefüllte Torte wird nach der englischen Königin Victoria benannt.

ZUTATEN

175 g weiche Butter, plus etwas mehr zum Einfetten
175 g Mehl
1½ TL Backpulver
175 g Rohrohrzucker
3 Eier
Puderzucker, zum Bestäuben

Füllung

3 EL Himbeerkonfitüre
300 g Schlagsahne, steif geschlagen
16 frische Erdbeeren, halbiert

1. Den Backofen auf 180 °C vorheizen. Zwei Springformen (20 cm Ø) einfetten und mit Backpapier auslegen.

2. Mehl und Backpulver in eine Schüssel sieben. Butter, Zucker und Eier zufügen und alles zu einem glatten Teig rühren.

3. Den Teig zu gleichen Teilen in die vorbereiteten Formen füllen und glatt streichen. Im vorgeheizten Ofen 25–30 Minuten backen, bis die Tortenböden gut aufgegangen sind und auf Fingerdruck elastisch nachgeben.

4. Die Böden 5 Minuten in der Form abkühlen lassen, dann auf ein Kuchengitter stürzen und das Backpapier abziehen. Vollständig erkalten lassen. Die Tortenböden mit Konfitüre, Schlagsahne und Erdbeerhälften zusammensetzen. Mit Puderzucker bestäuben.

2

3

4

TIPP

Legen Sie eine Dekorschablone auf die Torte und bestäuben Sie sie dann mit Puderzucker.

Sauerkirschtorte

 FÜR
12 Personen

 ZUBEREITUNG
30 Minuten
plus Kühlzeit

 BACKZEIT
40–45 Minuten

Nährwerte pro Portion	430 kcal, 28 g Fett, davon 15 g gesättigt, 32 g Zucker, 0,3 g Salz

Mit ihrem feinherben Schokoladenteig und der mit Rum verfeinerten Schokoladencreme ist diese Torte definitiv nur für Erwachsene. Servieren Sie sie mit einem Löffel Schlagsahne.

ZUTATEN

120 g Butter, gewürfelt, plus etwas mehr zum Einfetten

175 g Zartbitterschokolade, in Stücken

3 Eier (Größe L), getrennt

120 g Muskovado-Zucker

120 g Mehl

1¼ TL Backpulver

50 g gemahlene Mandeln

80 g getrocknete Sauerkirschen, gehackt

Schokoladenröllchen, Kakaopulver und frische Kirschen, zum Dekorieren (nach Belieben)

Schokoladencreme

175 g Zartbitterschokolade, in Stücken

5 EL Schlagsahne

50 g Butter

1 EL Rum

1. Den Backofen auf 180 °C vorheizen. Eine Springform (20 cm Ø) einfetten und mit Backpapier auslegen.

2. Schokolade und Butter in einer großen, hitzebeständigen Schüssel über einem Wasserbad schmelzen. Vom Wasserbad nehmen und glatt rühren. Unter gelegentlichem Rühren 10 Minuten abkühlen lassen.

3. Eigelb und Zucker in einer großen Schüssel mit dem elektrischen Handrührgerät hell und schaumig rühren. Die Schokoladenmasse langsam zugießen und sorgfältig einarbeiten. Mehl und Backpulver darübersieben und unterziehen. Mandeln und Kirschen untermischen.

4. In einer fettfreien Schüssel das Eiweiß steif schlagen und unter den Teig heben. Den Teig in die Form füllen und glatt streichen.

5. Im vorgeheizten Ofen 40–45 Minuten backen, bis ein in die Mitte gestochenes Holzstäbchen trocken wieder herauskommt. Den Kuchen 10 Minuten in der Form abkühlen lassen, dann auf ein Kuchengitter heben und vollständig erkalten lassen.

6. Für die Creme die Schokolade mit Sahne und Butter in einer hitzebeständigen Schüssel über einem Wasserbad schmelzen. Vom Wasserbad nehmen und den Rum unterrühren. Etwa 20 Minuten abkühlen lassen, dann unter gelegentlichem Rühren etwa 30 Minuten im Kühlschrank setzen lassen, bis die Creme streichfähig ist.

7. Die Oberfläche des Kuchens mit der Schokoladencreme bestreichen. Falls verwendet, mit Schokoladenröllchen bedecken, leicht mit Kakao bestäuben und mit Kirschen dekorieren.

2

5

7

Mokkatorte mit weißer Schokoladencreme

 FÜR
10 Personen

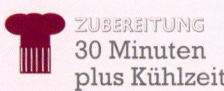 ZUBEREITUNG
30 Minuten
plus Kühlzeit

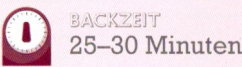 BACKZEIT
25–30 Minuten

Nährwerte pro Portion	467 kcal, 27 g Fett, davon 16 g gesättigt, 40 g Zucker, 0,2 g Salz

Das Besondere an dieser Mokkatorte ist die ungewöhnliche Glasur und die Füllung aus Crème fraîche, weißer Schokolade und Kaffeelikör!

ZUTATEN

40 g Butter, plus etwas mehr zum Einfetten

80 g weiße Schokolade, in Stücken

125 g Feinstzucker

4 Eier (Größe L), verquirlt

2 EL sehr starker Espresso

5 Tropfen Vanillearoma

125 g Mehl

Glasur

175 g weiße Schokolade

80 g Butter

125 g Crème fraîche

125 g Puderzucker, gesiebt

1 EL Kaffeelikör

1. Den Backofen auf 180 °C vorheizen. Zwei Springformen (20 cm Ø) einfetten und mit Backpapier auslegen. Butter und Schokolade im Wasserbad schmelzen, dann glatt rühren. Vom Wasserbad nehmen. Zucker, Eier, Espresso und Vanillearoma im Wasserbad aufschlagen, bis der Schneebesen eine sichtbare Spur in der Masse hinterlässt.

2. Die Schüssel vom Wasserbad nehmen. Das Mehl darübersieben und vorsichtig unterziehen. Die Butter-Schokoladen-Mischung rasch einarbeiten. Den Teig in die Formen füllen und 25–30 Minuten backen, bis er aufgegangen ist und auf Fingerdruck elastisch nachgibt. Die Tortenböden 2 Minuten in der Form abkühlen lassen, auf ein Kuchengitter heben und vollständig erkalten lassen.

3. Für die Glasur Schokolade und Butter im Wasserbad schmelzen. Aus dem Wasserbad nehmen und die Crème fraîche unterrühren. Puderzucker und Likör einarbeiten. Kühlen, bis die Glasur streichfähig ist. Die Tortenböden mit einem Drittel der Glasur zusammensetzen, dann mit der restlichen Glasur rundum bestreichen.

1

2

3

TIPP
Weiße Schokolade
darf nur sehr
sanft geschmolzen
werden, sonst
wird sie körnig.

Madeirakuchen

FÜR
10 Personen

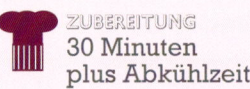
ZUBEREITUNG
30 Minuten
plus Abkühlzeit

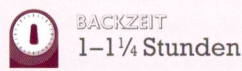
BACKZEIT
1–1¼ Stunden

Nährwerte pro Portion	388 kcal, 17,5 g Fett, davon 10,5 g gesättigt, 36 g Zucker, 0,2 g Salz

Dieser Rührkuchen mit dem herrlich buttrigen Aroma ist nach dem Dessertwein benannt, zu dem er traditionell gereicht wurde.

ZUTATEN

175 g weiche Butter, plus etwas mehr zum Einfetten

175 g Feinstzucker

fein abgeriebene Schale von 1 Zitrone

3 Eier, leicht verquirlt

250 g Mehl

1½ TL Backpulver

2 EL Milch

1 EL Zitronensaft

Glasur

175 g Puderzucker

2–3 EL Zitronensaft

2 TL Zitronenaufstrich (Lemon Curd), erwärmt

1. Den Backofen auf 160 °C vorheizen. Eine Kastenform (1 l Inhalt) einfetten und mit Backpapier auslegen.

2. Butter und Zucker in einer großen Schüssel hell und cremig rühren. Die Zitronenschale unterrühren. Nach und nach die Eier einarbeiten. Mehl und Backpulver darübersieben und sorgfältig unterziehen. Milch und Zitronensaft unterrühren.

3. Den Teig in die vorbereitete Form füllen und im vorgeheizten Ofen 1–1¼ Stunden backen, bis er gut aufgegangen und goldbraun ist. Ein in die Mitte gestochenes Holzstäbchen sollte sauber wieder herauskommen. Den Kuchen 15 Minuten in der Form abkühlen lassen, dann auf ein Kuchengitter heben und vollständig erkalten lassen.

4. Für die Glasur den Puderzucker in eine Schüssel sieben und mit dem Zitronensaft zu einer glatten, dickflüssigen Masse rühren. Den Kuchen mit der Glasur überziehen. Darauf den Zitronenaufstrich träufeln. Ein Holzstäbchen durchziehen, sodass kleine Spiralen entstehen.

2

3

4

TIPP

Decken Sie den
Kuchen nach
50 Minuten Back-
zeit mit Alufolie
ab, damit er nicht
zu dunkel wird.

Apfelstreuselkuchen

 FÜR
10 Personen

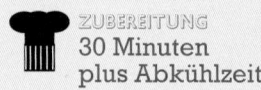 ZUBEREITUNG
30 Minuten
plus Abkühlzeit

 BACKZEIT
1 Stunde 20 Minuten

Nährwerte pro Portion	451 kcal, 26 g Fett, davon 13 g gesättigt, 28 g Zucker, 0,7 g Salz

Unter den knusprigen Haselnussstreuseln befinden sich eine saftige Apfelfüllung und ein fein gewürzter Rührteig – einfach zum Reinbeißen!

ZUTATEN

175 g weiche Butter, plus etwas mehr zum Einfetten

175 g Feinstzucker

3 Eier (Größe L), verquirlt

2 EL Milch

225 g Mehl

2 TL Backpulver

1 TL Zimt

½ TL frisch geriebene Muskatnuss

500 g Kochäpfel, geschält, entkernt und gewürfelt

Schlagsahne, zum Servieren

Streusel

80 g Mehl

½ TL Backpulver

50 g kalte Butter, gewürfelt

50 g Demerara-Zucker

50 g geschälte Haselnusskerne, gehackt

1. Den Backofen auf 180 °C vorheizen. Eine Springform (24 cm Ø) einfetten und mit Backpapier auslegen.

2. Butter und Zucker in einer großen Schüssel hell und cremig rühren. Nach und nach Eier und Milch einarbeiten. Mehl, Backpulver und Gewürze darübersieben und sorgfältig unterziehen.

3. Die Hälfte des Teiges in die vorbereitete Form füllen und die Hälfte der Äpfel darauf verteilen. Mit dem restlichen Teig und dann den restlichen Äpfeln bedecken.

4. Für die Streusel Mehl und Backpulver in eine Schüssel sieben und mit der Butter feinkrümelig verreiben. Zucker und Nüsse untermischen. Gleichmäßig über die Äpfel streuen.

5. Im vorgeheizten Ofen 1 Stunde backen. Dann locker mit Alufolie bedecken, damit die Streusel nicht zu dunkel werden, und weitere 10–20 Minuten backen, bis der Kuchen goldbraun ist. Den Kuchen 20 Minuten in der Form abkühlen lassen, dann auf einem Kuchengitter erkalten lassen. Mit Schlagsahne servieren.

Schokoladencremetorte

 **FÜR**
10 Personen

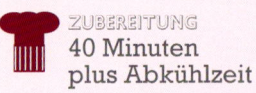 **ZUBEREITUNG**
40 Minuten
plus Abkühlzeit

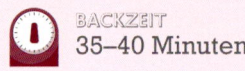 **BACKZEIT**
35–40 Minuten

Nährwerte pro Portion	583 kcal, 32 g Fett, davon 20 g gesättigt, 52 g Zucker, 0,6 g Salz

Diese Torte besteht aus einem saftigen dunklen Schokoladenteig, der mit einer üppigen Schokoladencreme gefüllt und überzogen wird. Eine ideale Geburtstagstorte, denn sie lässt sich gut im Voraus zubereiten und leicht schneiden.

ZUTATEN

140 g weiche Butter, plus etwas mehr zum Einfetten

140 g Zartbitterschokolade, in Stücken

100 ml Milch

2 EL Kakaopulver

140 g Muskovado-Zucker

3 Eier, getrennt

4 EL saure Sahne oder Crème fraîche

200 g Mehl

1 TL Speisenatron

Schokoladencreme

140 g Zartbitterschokolade

40 g Kakaopulver

4 EL saure Sahne oder Crème fraîche

1 EL heller Zuckerrübensirup

40 g Butter

4 EL Wasser

200 g Puderzucker

1. Den Backofen auf 160 °C vorheizen. Zwei Springformen (20 cm Ø) einfetten und mit Backpapier auslegen.

2. Die Schokolade mit Milch und Kakao im Wasserbad unter gelegentlichem Rühren schmelzen. Vom Wasserbad nehmen.

3. Butter und Zucker in einer großen Schüssel hell und cremig rühren. Nach und nach Eigelb, dann saure Sahne und Schokoladenmischung einarbeiten. Mehl und Natron darübersieben und sorgfältig unterziehen. In einer fettfreien Schüssel das Eiweiß steif schlagen und unter den Teig heben.

4. Den Teig zu gleichen Teilen in die vorbereiteten Formen füllen und im vorgeheizten Ofen 35–40 Minuten backen, bis die Tortenböden gut aufgegangen sind und auf Fingerdruck elastisch nachgeben. Die Tortenböden 10 Minuten in der Form abkühlen lassen, dann auf ein Kuchengitter heben und vollständig erkalten lassen.

5. Für die Creme die Schokolade mit Kakao, saurer Sahne, Sirup, Butter und Wasser in einem Topf bei sanfter Hitze schmelzen. Vom Herd nehmen, den Puderzucker über die Schokoladenmischung sieben und rühren, bis die Masse glatt ist. Unter gelegentlichem Rühren abkühlen lassen, bis die Creme streichfähig ist.

6. Beide Tortenböden mit einem scharfen Messer durchschneiden. Die vier Böden mit etwa einem Drittel der Creme zusammensetzen. Mit der restlichen Creme die Torte rundum bestreichen. Dabei mit dem Palettenmesser dekorative Vertiefungen einziehen.

Kürbis-Gewürz-Kuchen

 **FÜR** 8 Personen

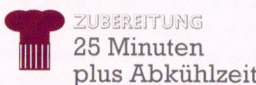 **ZUBEREITUNG** 25 Minuten plus Abkühlzeit

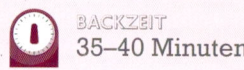 **BACKZEIT** 35–40 Minuten

Nährwerte pro Portion	631 kcal, 39 g Fett, davon 12 g gesättigt, 44 g Zucker, 0,9 g Salz

Das i-Tüpfelchen auf diesem feinwürzigen Kuchen mit Kürbis und Walnüssen ist die cremige Glasur aus Mascarpone und Ahornsirup.

ZUTATEN

175 ml Sonnenblumenöl, plus etwas mehr zum Einfetten
175 g Rohrzucker
3 Eier, verquirlt
250 g Kürbis, gedämpft und püriert
80 g Rosinen
fein abgeriebene Schale von 1 Orange
70 g Walnusskerne, grob gehackt
225 g Mehl
2 TL Backpulver
1 TL Speisenatron
2 TL Lebkuchengewürz

Glasur

250 g Mascarpone
80 g Puderzucker
3 EL Ahornsirup

1. Den Backofen auf 180 °C vorheizen. Eine quadratische Backform (24 cm x 24 cm) einfetten und mit Backpapier auslegen.

2. In einer großen Schüssel Öl, Zucker und Eier schaumig rühren. Kürbispüree, Rosinen, Orangenschale und 50 g Walnüsse unterrühren.

3. Mehl, Backpulver, Natron und Lebkuchengewürz darübersieben und sorgfältig unter den Teig ziehen. Im vorgeheizten Ofen 35–40 Minuten goldbraun backen. Den Kuchen 5 Minuten in der Form abkühlen lassen, dann auf ein Kuchengitter heben und vollständig erkalten lassen.

4. Für die Glasur alle Zutaten in einer Schüssel glatt rühren. Die Oberfläche des Kuchens damit bestreichen. Dabei mit einem Palettenmesser dekorative Vertiefungen einziehen. Die restlichen Walnüsse fein hacken und auf den Kuchen streuen.

2

3

4

GANZ GESUND

Für eine etwas leichte-
re Glasur bestreichen
Sie den Kuchen vor
dem Servieren mit
griechischem Joghurt,
den Sie zuvor nach
Geschmack mit Honig
süßen können.

Italienische Kaffeetorte

 FÜR
12 Personen

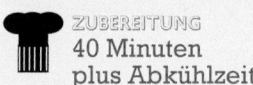 ZUBEREITUNG
40 Minuten
plus Abkühlzeit

 BACKZEIT
25–30 Minuten

Nährwerte pro Portion	532 kcal, 37 g Fett, davon 22 g gesättigt, 32 g Zucker, 0,8 g Salz

Diese tolle Torte ist die perfekte Kombination zweier klassischer Aromen, nämlich Schokolade und Kaffee.

ZUTATEN

225 g weiche Butter, plus etwas mehr zum Einfetten
225 g Mehl
2¼ TL Backpulver
2 EL Kakaopulver
225 g Rohrzucker
4 Eier (Größe L), verquirlt
120 g Zartbitterschokolade, geschmolzen
2 EL Feinstzucker
3 EL Espresso
Kakaopulver, zum Bestäuben
schokolierte Kaffeebohnen, zum Dekorieren

Kaffeecreme
80 g weiche Butter
250 g Mascarpone
50 g Puderzucker
2 EL Espresso

1. Den Backofen auf 180 °C vorheizen. Zwei Springformen (20 cm Ø) einfetten und mit Backpapier auslegen.

2. Mehl, Backpulver und Kakao in eine große Schüssel sieben. Butter, Rohrzucker und Eier zugeben und alles mit einem elektrischen Rührgerät 3–4 Minuten zu einem glatten Teig rühren. Die Schokolade unterziehen.

3. Den Teig zu gleichen Teilen in die vorbereiteten Formen füllen und im vorgeheizten Ofen 25–30 Minuten backen, bis die Tortenböden gut aufgegangen sind.

4. Zucker und Espresso in einem kleinen Topf 1–2 Minuten sanft erhitzen, dann 10 Minuten abkühlen lassen. Die noch warmen Tortenböden mit einem Holzstäbchen mehrmals einstechen und mit dem Kaffeesirup tränken. In den Formen erkalten lassen.

5. Für die Kaffeecreme Butter und Mascarpone in einer Schüssel glatt rühren. Puderzucker und Espresso einarbeiten.

6. Die Tortenböden aus den Formen lösen und mit der Hälfte der Kaffeecreme zusammensetzen. Die restliche Creme auf der Tortenoberfläche verstreichen. Mit Kakao bestäuben und mit Kaffeebohnen dekorieren.

2

3

6

Ingwerbrot

FÜR
12 Personen

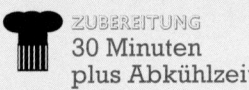
ZUBEREITUNG
30 Minuten
plus Abkühlzeit

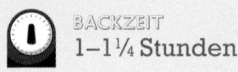
BACKZEIT
1–1¼ Stunden

Nährwerte pro Portion	300 kcal, 10 g Fett, davon 6 g gesättigt, 34 g Zucker, 0,6 g Salz

Wenn Sie Zeit und vor allem Geduld haben, lassen Sie den unglasierten Kuchen einige Tage in Alufolie verpackt an einem kühlen Ort durchziehen, damit sich die Aromen voll entwickeln.

ZUTATEN

120 g Butter, plus etwas mehr zum Einfetten
250 g Mehl
1 TL Speisenatron
1½ TL gemahlener Ingwer
1 TL Lebkuchengewürz
120 g Muskovado-Zucker
150 g heller Zuckerrübensirup
80 g dunkler Zuckerrübensirup
2 Eier (Größe L), verquirlt
2 EL Milch

Glasur

120 g Puderzucker
1 EL Sirup aus dem Ingwerpflaumenglas
1–2 EL Wasser
1 Stück Ingwerpflaume, fein gehackt

1. Den Backofen auf 160 °C vorheizen. Eine quadratische Backform (18 cm x 18 cm) einfetten und mit Backpapier auslegen.

2. Mehl, Natron, Ingwerpulver und Lebkuchengewürz in eine große Schüssel sieben. Butter, Zucker, beide Sirupe in einem Topf unter Rühren sanft erhitzen, bis die Butter geschmolzen ist, dann 5 Minuten abkühlen lassen.

3. Die Buttermischung sorgfältig unter die trockenen Zutaten rühren. Eier und Milch zufügen und alles zu einem glatten Teig rühren.

4. Den Teig in die vorbereitete Form füllen und im vorgeheizten Ofen 1–1¼ Stunden backen, bis er gut aufgegangen ist. Den Kuchen 15 Minuten in der Form abkühlen lassen, dann auf ein Kuchengitter heben und vollständig erkalten lassen.

5. Für die Glasur den Puderzucker in eine Schüssel sieben. Sirup und so viel Wasser unterrühren, bis eine dickflüssige Masse entsteht, die einen Holzlöffel dünn überzieht.

6. Den Kuchen mit der Glasur überziehen und diese am Rand hinablaufen lassen. Mit der gehackten Ingwerpflaume bestreuen und fest werden lassen.

2

4

6

Kokostorte

 FÜR
8 Personen

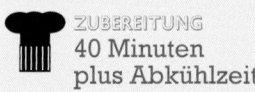 ZUBEREITUNG
40 Minuten
plus Abkühlzeit

 BACKZEIT
20–25 Minuten

Nährwerte pro Portion	592 kcal, 42 g Fett, davon 26 g gesättigt, 28 g Zucker, 0,35 g Salz

Diese Torte ist mit ihrem exotischen Kokosaroma und dem leichten Biskuitteig eine tolle Besonderheit für eine feierliche Kaffeetafel.

ZUTATEN

50 g Butter, zerlassen und abgekühlt, plus etwas mehr zum Einfetten

6 Eier (Größe L), verquirlt

175 g Feinstzucker

175 g Mehl

70 g Kokosraspel

geröstete Kokosspäne, zum Dekorieren

Mascarponecreme

250 g Mascarpone

4 EL Kokosmilch

25 g Feinstzucker

150 g Schlagsahne

1. Den Backofen auf 180 °C vorheizen. Drei Springformen (20 cm Ø) einfetten und mit Backpapier auslegen.

2. Eier und Zucker in einer großen hitzebeständigen Schüssel über einem Wasserbad mit dem elektrischen Handrührgerät rühren, bis die Masse dickschaumig ist und die Spur der Quirle zu sehen bleibt.

3. Die Hälfte des Mehls darübersieben und vorsichtig unterziehen. Dann die zweite Hälfte einarbeiten, gefolgt von den Kokosraspeln. Die Butter in einem dünnen Strahl in die Masse gießen und kurz unterziehen.

4. Den Teig zu gleichen Teilen in die vorbereiteten Formen füllen und im vorgeheizten Ofen 20–25 Minuten backen, bis die Tortenböden goldgelb sind und auf Fingerdruck elastisch nachgeben. Die Tortenböden 5 Minuten in der Form abkühlen lassen, dann auf ein Kuchengitter heben und vollständig erkalten lassen.

5. Für die Creme Mascarpone, Kokosmilch und Zucker in einer Schüssel glatt rühren. Die Sahne steif schlagen und unter die Mascarponemischung heben.

6. Die Tortenböden mit einem Drittel der Mascarponecreme zusammensetzen. Mit der restlichen Creme die Torte rundum bestreichen. Mit gerösteten Kokosspänen dekorieren.

2

4

6

Gefüllter Biskuit
mit Schokohaube

 **FÜR** 10 Personen

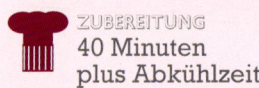 **ZUBEREITUNG** 40 Minuten plus Abkühlzeit

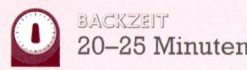 **BACKZEIT** 20–25 Minuten

Nährwerte pro Portion	468 kcal, 31 g Fett, davon 18 g gesättigt, 27 g Zucker, 0,3 g Salz

Dieser herrliche Kuchen mit feiner Konditorcreme-Füllung und einem Belag aus cremiger Ganache ist ein Klassiker aus Boston, USA und heißt auch Boston Cream Pie.

ZUTATEN

40 g Butter, zerlassen und abgekühlt, plus etwas mehr zum Einfetten
4 Eier (Größe L), verquirlt
120 g Feinstzucker
120 g Mehl

Konditorcreme
2 Eier
50 g Feinstzucker
5 Tropfen Vanillearoma
2 EL Mehl
2 EL Speisestärke
300 ml Milch
150 g Schlagsahne, halb steif geschlagen

Ganache
120 g Zartbitterschokolade, gerieben
1 EL heller Zuckerrübensirup
25 g Butter
150 g Schlagsahne

1. Den Backofen auf 180 °C vorheizen. Zwei Springformen (20 cm Ø) einfetten und mit Backpapier auslegen.

2. Eier und Zucker in einer hitzebeständigen Schüssel über einem Wasserbad mit dem elektrischen Handrührgerät rühren, bis die Masse dickschaumig ist und die Spur der Quirle sichtbar bleibt.

3. Das Mehl darübersieben und vorsichtig unterziehen. Die Butter in einem dünnen Strahl zugießen und kurz unterziehen. Den Teig zu gleichen Teilen in die vorbereiteten Formen füllen und im vorgeheizten Ofen 20–25 Minuten backen, bis er goldgelb ist und auf Fingerdruck elastisch nachgibt. Die Tortenböden 5 Minuten in der Form abkühlen lassen, dann auf ein Kuchengitter heben und vollständig erkalten lassen.

4. Für die Konditorcreme Eier, Zucker und Vanillearoma aufschlagen. Mehl und Speisestärke mit 4 Esslöffeln Milch anrühren und unter Rühren in die Eiermischung gießen. Die restliche Milch bis knapp unter den Siedepunkt erhitzen und unter ständigem Rühren in die Eiermischung gießen. Die Masse in einen Topf umfüllen und bei kleiner Hitze unter ständigem Rühren eindicken. Die Creme in eine Schüssel füllen, mit angefeuchtetem Backpapier bedecken und erkalten lassen. Dann die Sahne unterheben.

5. Für die Ganache Schokolade, Sirup und Butter in eine hitzebeständige Schüssel geben. Die Sahne bis knapp unter den Siedepunkt erhitzen. Über die Schokolade gießen und 1 Minute stehen lassen, dann glatt rühren.

6. Die Tortenböden mit der Konditorcreme zusammensetzen. Die Ganache auf der Tortenoberfläche verstreichen.

Ananas-Kokos-Kranz

FÜR
12 Personen

ZUBEREITUNG
30 Minuten
plus Abkühlzeit

BACKZEIT
25 Minuten

Nährwerte pro Portion	377 kcal, 19 g Fett, davon 12 g gesättigt, 34 g Zucker, 0,4 g Salz

Ein Kranzkuchen ist schon optisch ein Genuss und lässt sich sehr leicht servieren. Ananas und Kokosnuss verleihen diesem Kranz ein exotisches Aroma.

ZUTATEN

120 g weiche Butter, plus etwas mehr zum Einfetten

225 g Mehl, plus etwas mehr zum Bestäuben

430 g Ananasringe aus der Dose

175 g Feinstzucker

2 Eier, verquirlt

1 Eigelb, verquirlt

1 TL Backpulver

½ TL Speisenatron

40 g Kokosraspel

Glasur

175 g Frischkäse

175 g Puderzucker

1. Den Backofen auf 180 °C vorheizen. Eine Ringform (24 cm Ø) einfetten und leicht mit Mehl ausstäuben. Die Ananasringe abtropfen lassen und im Mixer oder in der Küchenmaschine grob zerkleinern.

2. Butter und Zucker in einer Schüssel hell und cremig rühren. Nach und nach Eier und Eigelb einarbeiten. Mehl, Backpulver und Natron darübersieben und sorgfältig unterziehen. Ananas und Kokosraspel unterheben.

3. Den Teig in die vorbereitete Form füllen und im vorgeheizten Ofen 25 Minuten backen, bis ein in die Mitte gestochenes Holzstäbchen sauber wieder herauskommt.

4. Den Kuchen 10 Minuten in der Form abkühlen lassen, dann auf ein Kuchengitter stürzen und vollständig erkalten lassen. Für die Glasur Frischkäse und Puderzucker glatt rühren und den abgekühlten Kuchen damit bestreichen.

2

2

3

ZUR ABWECHSLUNG Verfeinern Sie die Glasur mit einem Schuss Kokoslikör.

Beerenkranz

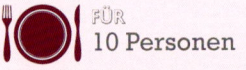 FÜR
10 Personen

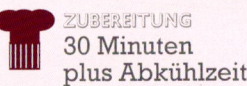 ZUBEREITUNG
30 Minuten
plus Abkühlzeit

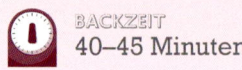 BACKZEIT
40–45 Minuten

Nährwerte pro Portion	171 kcal, 0,5 g Fett, davon 0,1 g gesättigt, 29 g Zucker, 0,13 g Salz

Dieser luftig leichte, nahezu fettfreie Kuchen wird mit frischen Beeren dekoriert und ist auch ein tolles Dessert für ein sommerliches Essen im Freien.

ZUTATEN

Sonnenblumenöl, zum Einfetten
8 Eiweiß (Größe L)
1 TL Weinstein
5 Tropfen Bittermandelaroma
250 g Feinstzucker
120 g Mehl, plus etwas mehr zum Bestäuben

Zum Dekorieren

250 g frische Beeren
1 EL Zitronensaft
2 EL Puderzucker

1. Den Backofen auf 160 °C vorheizen. Eine hohe Ringform (24 cm Ø) einfetten und leicht mit Mehl ausstäuben.

2. In einer fettfreien Schüssel das Eiweiß halb steif schlagen. Den Weinstein zufügen und weiterrühren, bis ein steifer, aber nicht trockener Eischnee entstanden ist. Das Mandelaroma und dann esslöffelweise den Zucker unterrühren. Das Mehl sieben und locker unterheben.

3. Den Teig in die vorbereitete Form füllen und im vorgeheizten Ofen 40–45 Minuten goldbraun backen. Den Kuchen mit einem Messer vom Rand der Form lösen und 10 Minuten abkühlen lassen. Dann auf ein Kuchengitter stürzen und vollständig erkalten lassen.

4. Zum Dekorieren Beeren, Zitronensaft und Puderzucker in einen Topf geben und erhitzen, bis sich der Zucker aufgelöst hat. Über den Kuchen geben.

2

2

3

Ganache-Schokoladen-Torte

 **FÜR**
20 Personen

 **ZUBEREITUNG**
1 Stunde
plus Kühlzeit

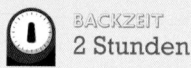 **BACKZEIT**
2 Stunden

Nährwerte pro Portion	650 kcal, 38 g Fett, davon 23 g gesättigt, 56 g Zucker, 0,5 g Salz

Schokoröllchen lassen sich ohne großen Aufwand selbst herstellen und verleihen Torten wie Desserts eine elegante, edle Aufmachung.

ZUTATEN

200 g weiche Butter, plus etwas mehr zum Einfetten

100 g Kakaopulver

300 ml kochendes Wasser

250 g Zartbitterschokolade, geschmolzen

500 g Muskovado-Zucker

4 Eier, verquirlt

375 g Mehl

¾ TL Speisenatron

7 Tropfen Vanillearoma

Ganache

500 g Zartbitterschokolade, gehackt

500 g Schlagsahne

4 EL Puderzucker

Zum Dekorieren

200 g Zartbitterschokolade, gehackt

6 EL Weinbrand (nach Belieben)

Rosenblüten oder andere essbare Blüten (nach Belieben)

1. Den Backofen auf 160 °C vorheizen. Eine Springform mit hohem Rand (24 cm Ø) einfetten und mit Backpapier auslegen. Kakao und Wasser in einer Schüssel glatt rühren, dann die Schokolade einrühren. In einer zweiten Schüssel Butter und Zucker hell und cremig rühren. Eier, Mehl, Natron und Vanillearoma unterrühren. Die Kakaomischung einarbeiten. Den Teig in die vorbereitete Form füllen und im vorgeheizten Ofen 2 Stunden backen. In der Form auskühlen lassen.

2. Für die Dekorierung die Schokolade in einer hitzebeständigen Schüssel über einem Wasserbad schmelzen. In einer dünnen Schicht auf einer kühlen, glatten Oberfläche verstreichen. An einem kühlen Ort fest, aber nicht zu hart werden lassen.

3. Einen Spachtel in einem Winkel von etwa 30° an der Schokolade ansetzen und mit leichtem Druck nach vorne bewegen, sodass sich die Schokolade aufrollt. Die Schokoröllchen auf ein mit Backpapier belegtes Backblech geben und bis zur Verwendung im Kühlschrank aufbewahren. Den Kuchen horizontal in der Mitte durchschneiden und, falls verwendet, mit dem Weinbrand tränken.

4. Für die Ganache die Schokolade in eine hitzebeständige Schüssel geben. Sahne und Puderzucker in einem Topf stark erhitzen und über die Schokolade gießen. Rühren, bis die Masse glatt ist, dann abkühlen lassen. Die Tortenböden mit einem Viertel der Ganache zusammensetzen. Die Torte auf einen Kuchenteller oder Tortenständer setzen. Den Rand mit einem Palettenmesser dünn mit Ganache einstreichen, um die Krümel zu binden. Im Kühlschrank 15 Minuten fest werden lassen. Nun die Torte mit der restlichen Ganache rundum bestreichen. Die Ganache kann nach Belieben ganz glatt oder mit Struktur verstrichen werden. Die Torte locker mit den Schokoröllchen dekorieren und, falls verwendet, mit den Blüten(blättern) bestreuen.

Zimt-Walnuss-Torte

 FÜR
10 Personen

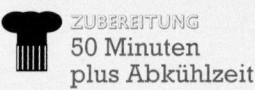 ZUBEREITUNG
50 Minuten
plus Abkühlzeit

 BACKZEIT
20–25 Minuten

Nährwerte pro Portion	788 kcal, 55 g Fett, davon 21 g gesättigt, 51 g Zucker, 0,6 g Salz

Ein saftiger Bananenteig mit knackigen Walnussstückchen kombiniert mit einer zimtgewürzten Frischkäsecreme.

ZUTATEN

200 ml Sonnenblumenöl, plus etwas mehr zum Einfetten

250 g Rohrzucker

250 g Mehl

2 TL Zimt, plus etwas mehr zum Bestäuben

2 TL Speisenatron

3 Eier, verquirlt

125 g Walnusskerne, fein gehackt

1 große, vollreife Banane (175 g mit Schale), zerdrückt

Walnussstücke, zum Dekorieren

Buttercreme

175 g Frischkäse

225 g weiche Butter

1 TL Zimt

225 g Puderzucker, gesiebt

1. Den Backofen auf 180 °C vorheizen. Drei Springformen (20 cm Ø) einfetten und mit Backpapier auslegen.

2. Den Zucker in eine große Schüssel geben. Mehl, Zimt und Natron darübersieben. Eier, Öl, Walnüsse und Banane zufügen und alles zu einem glatten Teig verrühren.

3. Den Teig zu gleichen Teilen in die vorbereiteten Formen füllen und glatt streichen. Im vorgeheizten Ofen 20–25 Minuten backen, bis er goldbraun ist. Die Tortenböden 10 Minuten in der Form abkühlen lassen, dann auf ein Kuchengitter heben und vollständig erkalten lassen.

4. Für die Buttercreme Frischkäse, Butter und Zimt in einer Schüssel glatt rühren. Den Puderzucker unterrühren.

5. Die Tortenböden mit einem Drittel der Buttercreme zusammensetzen. Mit der restlichen Creme die Torte rundum bestreichen. Mit Walnussstücken dekorieren und mit Zimt bestäuben.

2

4

5

Früchtekuchen

 FÜR
16 Personen

 ZUBEREITUNG
30 Minuten plus
Einweich-/Ruhezeit

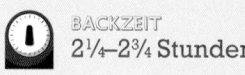 BACKZEIT
2¼–2¾ Stunden

Nährwerte pro Portion	400 kcal, 16 g Fett, davon 8,5 g gesättigt, 49 g Zucker, 0,15 g Salz

Dieser reichhaltige Kuchen schmeckt besonders in der Vorweihnachtszeit. Er sollte möglichst einige Zeit im Voraus zubereitet und eingelagert werden, damit er gut durchziehen kann und die Aromen sich voll entfalten.

ZUTATEN

350 g Sultaninen

225 g Korinthen

120 g getrocknete Aprikosen, gehackt

80 g entsteinte Datteln, gehackt

4 EL brauner Rum oder Weinbrand, plus etwas mehr zum Tränken (nach Belieben)

fein abgeriebene Schale und Saft von 1 Orange

225 g weiche Butter, plus etwas mehr zum Einfetten

225 g Muskovado-Zucker

4 Eier, verquirlt

70 g gehacktes Orangeat und/oder Zitronat

70 g Belegkirschen, geviertelt

70 g kandierter Ingwer oder Ingwerpflaumen, gehackt

40 g abgezogene Mandeln, gehackt

200 g Mehl

1 Prise Salz

1 TL Lebkuchengewürz

1. Die Trockenfrüchte in eine große Schüssel geben und mit Rum, Orangenschale und -saft vermischen. Abgedeckt mehrere Stunden oder über Nacht quellen lassen.

2. Den Backofen auf 150 °C vorheizen. Eine hohe Springform (20 cm Ø) einfetten, Boden und Rand mit Backpapier auslegen.

3. Butter und Zucker in einer Schüssel hell und cremig rühren. Nach und nach die Eier einarbeiten. Trockenfrüchte, Orangeat/Zitronat, Belegkirschen, Ingwer und Mandeln unterheben.

4. Mehl, Salz und Lebkuchengewürz sieben und unter den Teig ziehen. Den Teig in die vorbereitete Form füllen. Mit einem Löffelrücken glatt streichen, dann eine leichte Vertiefung in die Mitte drücken.

5. Im vorgeheizten Ofen 2¼–2¾ Stunden backen, bis der Kuchen am Rand zu schrumpfen beginnt und ein in die Mitte gestochenes Holzstäbchen sauber wieder herauskommt. Vollständig in der Form erkalten lassen.

6. Den Kuchen aus der Form lösen und das Backpapier abziehen. In Backpapier und Alufolie schlagen und Mindestens 2 Monate ruhen lassen. Für ein volleres Aroma den Kuchen nach Belieben mehrmals mit einem Holzstäbchen einstechen und vor dem Einlagern mit ein paar Löffeln Rum oder Weinbrand tränken.

Grashüpfertorte

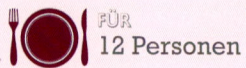
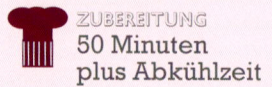
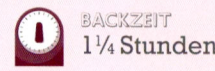
Nährwerte pro Portion	667 kcal, 39 g Fett, davon 24 g gesättigt, 59 g Zucker, 0,8 g Salz

In Anlehnung an einen bekannten Cocktail auf Crème-de-Menthe-Basis wartet diese Torte aus saftigem Schokoladenteig mit einer Buttercremefüllung mit erfrischendem Minzegeschmack auf.

ZUTATEN

100 g weiche Butter, plus etwas mehr zum Einfetten

250 ml Milch

1 EL Zitronensaft

280 g Mehl

2¾ TL Backpulver

1 TL Speisenatron

2 EL Kakaopulver

225 g Feinstzucker

2 Eier (Größe L)

100 g Zartbitterschokolade, geschmolzen

25 g Vollmilchschokolade, in Spänen, zum Dekorieren

Buttercreme

200 g weiche Butter

250 g Schlagsahne

400 g Puderzucker, gesiebt

einige Tropfen natürliches Pfefferminzöl

einige Tropfen grüne Lebensmittelfarbe

1. Den Backofen auf 160 °C vorheizen. Eine hohe Springform (20 cm Ø) einfetten und mit Backpapier auslegen.

2. Milch und Zitronensaft in einem Rührbecher mischen und 15 Minuten stehen lassen, bis die Milch geronnen ist.

3. Mehl, Backpulver, Natron und Kakao in eine große Schüssel sieben. Butter, Zucker und Eier zugeben. Die Milch hinzugießen. Mit einem elektrischen Rührgerät alles zu einem glatten Teig rühren. Die geschmolzene Schokolade einarbeiten.

4. Den Teig in die vorbereitete Form füllen und glatt streichen. Im vorgeheizten Ofen etwa 1¼ Stunden backen, bis er gut aufgegangen ist und ein in die Mitte gestochenes Holzstäbchen sauber wieder herauskommt. Den Kuchen 20 Minuten abkühlen lassen, dann aus der Form lösen und auf einem Kuchengitter vollständig erkalten lassen.

5. Für die Creme die Butter in einer Schüssel mit dem elektrischen Handrührgerät 2–3 Minuten hell und cremig rühren. Zwei Drittel der Sahne einarbeiten, dann nach und nach den Puderzucker unterrühren. Die restliche Sahne zufügen und weitere 1–2 Minuten rühren, bis eine lockere, leichte Creme entstanden ist. Mit einigen Tropfen Pfefferminzöl aromatisieren und so viel grüne Lebensmittelfarbe einrühren, dass die Creme hellgrün ist.

6. Den Kuchen horizontal in drei gleich dicke Böden schneiden und mit der Hälfte der Buttercreme wieder zusammensetzen. Mit der restlichen Creme die Torte rundum bestreichen. Mit den Schokoladenspänen dekorieren.

2

3

6

Nusskranz mit Ahornsirup

 FÜR
10 Personen

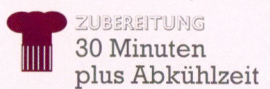 ZUBEREITUNG
30 Minuten
plus Abkühlzeit

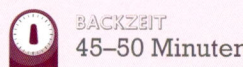 BACKZEIT
45–50 Minuten

Nährwerte pro Portion	466 kcal, 28 g Fett, davon 14 g gesättigt, 33 g Zucker, 0,6 g Salz

Dieser wunderbar aromatische Kuchen wird vorzugsweise in einer Gugelhupfform gebacken.

ZUTATEN

200 g weiche Butter, plus etwas mehr zum Einfetten

200 g Rohrzucker

3 Eier (Größe L), verquirlt

50 g Pekannusskerne, fein gehackt

4 EL Ahornsirup

150 g saure Sahne

225 g Mehl, plus etwas mehr zum Bestäuben

2¼ TL Backpulver

gehackte Pekannusskerne, zum Dekorieren

Glasur

80 g Puderzucker, gesiebt

1 EL Ahornsirup

1–2 EL lauwarmes Wasser

1. Den Backofen auf 160 °C vorheizen. Eine Gugelhupf- oder Bundform (2 l Inhalt) einfetten und leicht mit Mehl ausstäuben.

2. Butter und Zucker in einer Schüssel hell und cremig rühren. Nach und nach die Eier einarbeiten. Nüsse, Ahornsirup und saure Sahne unterrühren. Mehl und Backpulver darübersieben und sorgfältig unterziehen.

3. Den Teig in die vorbereitete Form füllen und im vorgeheizten Ofen 45–50 Minuten backen, bis er goldbraun ist und ein in die Mitte gestochenes Holzstäbchen sauber wieder herauskommt. Den Kuchen 10 Minuten in der Form abkühlen lassen, dann auf ein Kuchengitter stürzen und vollständig erkalten lassen.

4. Für die Glasur Puderzucker und Ahornsirup mit so viel Wasser verrühren, dass eine dickflüssige Masse entsteht. Die Glasur über den Kuchen gießen und an den Seiten hinablaufen lassen. Mit gehackten Nüssen dekorieren und fest werden lassen.

2

3

3

TIPP
Bevor Sie den Kuchen stürzen, lösen Sie ihn mit einem Messer vorsichtig vom Rand der Backform.

Mokka-Walnuss-Torte

 **FÜR**
8 Personen

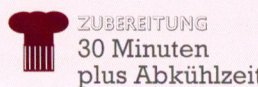 **ZUBEREITUNG**
30 Minuten
plus Abkühlzeit

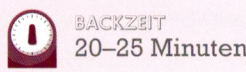 **BACKZEIT**
20–25 Minuten

Nährwerte pro Portion	667 kcal, 44 g Fett, davon 22 g gesättigt, 46 g Zucker, 0,5 g Salz

Die feinherben und leicht bitteren Aromen von Kaffee und Walnüssen ergänzen sich perfekt in dieser Cremetorte.

ZUTATEN

175 g weiche Butter, plus etwas mehr zum Einfetten
175 g Muskovado-Zucker
3 Eier (Größe L), verquirlt
3 EL Espresso
175 g Mehl
3 TL Backpulver
1 Prise Salz
120 g Walnusskerne, gehackt
Walnusshälften, zum Dekorieren

Buttercreme

120 g weiche Butter
200 g Puderzucker
1 EL Espresso
einige Tropfen Vanillearoma

1. Den Backofen auf 180 °C vorheizen. Zwei Springformen (20 cm Ø) einfetten und mit Backpapier auslegen.

2. Butter und Zucker in einer Schüssel hell und cremig rühren. Nach und nach die Eier einarbeiten. Den Espresso unterrühren.

3. Mehl, Backpulver und Salz darübersieben und sorgfältig unterziehen. Die Walnussstücke unterheben. Den Teig zu gleichen Teilen in die vorbereiteten Formen füllen und im Ofen 20–25 Minuten backen, bis er goldbraun ist und auf Fingerdruck elastisch nachgibt. Aus den Formen lösen und auf einem Kuchengitter vollständig erkalten lassen.

4. Für die Creme Butter, Puderzucker, Espresso und Vanillearoma glatt rühren.

5. Die Tortenböden mit etwa der Hälfte der Creme zusammensetzen. Mit der restlichen Creme die Tortenoberfläche bestreichen. Dabei mit dem Palettenmesser dekorative Vertiefungen einziehen. Mit Walnusshälften dekorieren.

2

3

5

TIPP

Für ein gutes
Kaffeearoma
sollten Sie einen
richtig starken
Espresso auf-
brühen.

Klassische Vanille-Cupcakes 68

Purpur-Cupcakes 70

Glasierte Schokoladen-Cupcakes 72

Cupcakes mit „frostigen" Beeren 74

Schokoladencreme-Cupcakes 76

Ananas-Cupcakes 78

Kolibri-Cupcakes 80

Kirsch-Sahne-Cupcakes 82

Rosen-Cupcakes 84

Apfelstreusel-Cupcakes 86

Tiramisu-Cupcakes 88

Party-Cupcakes 90

Blaubeermuffins 92

Chocolate-Chip-Muffins 94

Rosinen-Kleie-Muffins 96

Schokoladen-Orangen-Muffins 98

Muffins mit weißer Schokolade & Himbeeren 100

Muffins „Pfirsich Melba" 102

Schoko-Sauerkirsch-Muffins 104

Beerenmuffins 106

Irish-Toffee-Muffins 108

Cranberrymuffins 110

Erdnuss-Fudge-Muffins 112

Apfel-Zimt-Muffins 114

Cupcakes & Muffins

Klassische Vanille-Cupcakes

 ERGIBT
12 Stück

 ZUBEREITUNG
25 Minuten

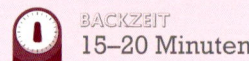 BACKZEIT
15–20 Minuten

Nährwerte pro Stück	453 kcal, 27 g Fett, davon 17 g gesättigt, 40 g Zucker, 0,2 g Salz

Diese einfachen Cremetörtchen mit der fröhlich bunten Dekorierung sind bei Groß und Klein gleichermaßen beliebt.

ZUTATEN

175 g weiche Butter
175 g Feinstzucker
3 Eier (Größe L), verquirlt
5 Tropfen Vanillearoma
175 g Mehl
1½ TL Backpulver
kleine Liebesperlen, zum Dekorieren

Buttercreme

150 g weiche Butter
3 EL Sahne oder Milch
5 Tropfen Vanillearoma
300 g Puderzucker, gesiebt

1. Den Backofen auf 180 °C vorheizen. Eine 12er-Muffinform mit Papierbackförmchen auslegen.

2. Butter und Zucker in einer Schüssel hell und cremig rühren. Nach und nach die Eier einarbeiten. Das Vanillearoma unterrühren. Mehl und Backpulver darübersieben und sorgfältig unterziehen.

3. Den Teig in die vorbereiteten Förmchen füllen und im vorgeheizten Ofen 15–20 Minuten backen, bis die Cupcakes gut aufgegangen sind. Aus der Form lösen und auf einem Kuchengitter erkalten lassen.

4. Für die Creme die Butter in einer Schüssel mit dem elektrischen Handrührgerät 2–3 Minuten hell und cremig rühren. Sahne und Vanillearoma zugeben. Nach und nach den Puderzucker einarbeiten und weiterrühren, bis die Creme leicht und luftig ist.

5. Die Buttercreme mit einem Palettenmesser auf den Cupcakes verstreichen und mit Liebesperlen bestreuen.

ZUR ABWECHSLUNG
Für Mini-Cupcakes,
z. B. für einen
Kindergeburtstag, können
Sie den Teig auch in
einer Minimuffinform
backen. Die Backzeit
reduziert sich dann
auf 8–10 Minuten.

Purpur-Cupcakes

 **ERGIBT** 12 Stück

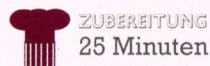 **ZUBEREITUNG** 25 Minuten

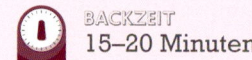 **BACKZEIT** 15–20 Minuten

Nährwerte pro Stück	373 kcal, 21 g Fett, davon 13 g gesättigt, 35,5 g Zucker, 0,6 g Salz

Kakao und Buttermilch verleihen diesen Cupcakes ein besonderes Aroma, rote Lebensmittelfarbe die ungewöhnliche Färbung.

ZUTATEN

140 g Mehl

1 TL Speisenatron

2 EL Kakaopulver

120 g weiche Butter

140 g Feinstzucker

1 Ei (Größe L), verquirlt

125 ml Buttermilch

5 Tropfen Vanillearoma

1 EL rote Lebensmittelfarbe

roter Dekorzucker oder Zuckerperlen, zum Dekorieren

Frischkäsekreme

140 g Doppelrahmfrischkäse

80 g weiche Butter

280 g Puderzucker, gesiebt

1. Den Backofen auf 180 °C vorheizen. Eine 12er-Muffinform mit Papierbackförmchen auslegen.

2. Mehl, Natron und Kakao sieben. Butter und Zucker in einer Schüssel hell und cremig rühren. Nach und nach das Ei einarbeiten. Die Hälfte der Mehlmischung unterziehen. Buttermilch und Vanillearoma unterrühren und die restliche Mehlmischung unterziehen. Den Teig mit der Lebensmittelfarbe rot einfärben und in die vorbereiteten Förmchen füllen.

3. Im vorgeheizten Ofen 15–20 Minuten backen, bis die Cupcakes schön aufgegangen sind. Aus der Form heben und auf einem Kuchengitter vollständig erkalten lassen.

4. Für die Creme Frischkäse und Butter in einer Schüssel mit einem Teigschaber glatt rühren. Den Puderzucker einarbeiten. Die Cupcakes mit der Creme bestreichen und mit dem Dekorzucker bestreuen.

2

3

4

TIPP
Sie können DekorZucker selbst herstellen:
Dazu groben Haushaltszucker mit
2–3 Tropfen Lebensmittelfarbe in einen
Plastikbeutel geben und
kräftig durchkneten.

Glasierte Schokoladen-Cupcakes

 ERGIBT
18 Stück

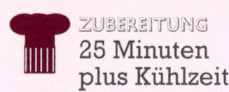 ZUBEREITUNG
25 Minuten
plus Kühlzeit

 BACKZEIT
20 Minuten

Nährwerte pro Stück	155 kcal, 8,5 g Fett, davon 4 g gesättigt, 13 g Zucker, 0,2 g Salz

Schokoladenliebhaber werden auch von diesen Miniaturausgaben des amerikanischen Klassikers (siehe Seite 38) begeistert sein!

ZUTATEN

50 g weiche Margarine

120 g brauner Zucker

2 Eier (Größe L), verquirlt

120 g Mehl

½ TL Speisenatron

25 g Kakaopulver

125 g saure Sahne

Schokoladenröllchen, zum Dekorieren

Schokoladencreme

125 g Zartbitterschokolade, in Stücken

2 EL Feinstzucker

150 g saure Sahne

1. Den Backofen auf 180 °C vorheizen. Zwei Muffinformen mit insgesamt 18 Papierbackförmchen auslegen.

2. Margarine, Zucker, Eier, Mehl, Natron und Kakao in einer großen Schüssel zu einem glatten Teig rühren. Mit einem Löffel die saure Sahne unterziehen. Den Teig in die vorbereiteten Förmchen füllen.

3. Im vorgeheizten Ofen 20 Minuten backen, bis die Cupcakes gut aufgegangen sind. Aus der Form heben und auf einem Kuchengitter vollständig erkalten lassen.

4. Für die Creme die Schokolade in einer hitzebeständigen Schüssel über einem Wasserbad unter gelegentlichem Rühren schmelzen, dann etwas abkühlen lassen. Zucker und saure Sahne unterrühren. Die Creme auf den Cupcakes verstreichen und im Kühlschrank fest werden lassen. Mit Schokoladenröllchen dekoriert servieren.

2

2

4

Cupcakes mit „frostigen" Beeren

 ERGIBT
12 Stück

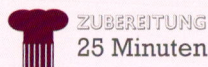 ZUBEREITUNG
25 Minuten

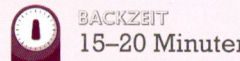 BACKZEIT
15–20 Minuten

Nährwerte pro Stück	330 kcal, 22,5 g Fett, davon 12,5 g gesättigt, 21 g Zucker, 0,3 g Salz

Diese mit Mascarponecreme gekrönten sommerlichen Cupcakes sind mit Orangenblütenwasser aromatisiert.

ZUTATEN

120 g weiche Butter oder Margarine

120 g Feinstzucker

2 TL Orangenblütenwasser

2 Eier (Größe L), verquirlt

50 g gemahlene Mandeln

120 g Mehl

1 TL Backpulver

2 EL Milch

280 g frische Beeren, Minzeblätter, 1 Eiweiß und Zucker, zum Dekorieren

Mascarponecreme

300 g Mascarpone

80 g Feinstzucker

4 EL Orangensaft

1. Den Backofen auf 180 °C vorheizen. Eine 12er-Muffinform mit Papierbackförmchen auslegen.

2. Butter, Zucker und Orangenblütenwasser in einer großen Schüssel hell und cremig rühren. Nach und nach die Eier einarbeiten. Die Mandeln unterrühren. Mehl und Backpulver darübersieben und zusammen mit der Milch sorgfältig mit einem Löffel unterziehen.

3. Den Teig in die vorbereiteten Förmchen füllen und im vorgeheizten Ofen 15–20 Minuten backen, bis die Cupcakes goldbraun und gut aufgegangen sind. Aus der Form heben und auf einem Kuchengitter vollständig erkalten lassen.

4. Für die Creme Mascarpone, Zucker und Orangensaft in einer Schüssel glatt rühren.

5. Die Creme auf den Cupcakes verstreichen. Beeren und Minzeblätter mit Eiweiß bestreichen, in Zucker wenden und trocknen lassen. Die Cupcakes mit Beeren und Minze dekorieren.

2

5

5

TIPP
Für einen feineren
Überzug bestreichen
Sie die Beeren mit
verquirltem Eiweiß
und bestreuen Sie
sie mit Feinstzucker.

Schokoladencreme-Cupcakes

 ERGIBT
14 Stück

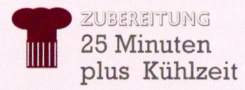 ZUBEREITUNG
25 Minuten
plus Kühlzeit

 BACKZEIT
15–20 Minuten

Nährwerte pro Stück	440 kcal, 28 g Fett, davon 17 g gesättigt, 37 g Zucker, 0,33 g Salz

Diese saftigen Schokoladen-Cupcakes werden großzügig mit einer sündhaften Schokoladencreme dekoriert und sind einfach unwiderstehlich. Sie sind ideal für einen feierlichen Anlass, da sie schon am Vortag zubereitet werden können.

ZUTATEN

115 g Mehl
1 TL Backpulver
1½ EL Kakaopulver
120 g weiche Butter oder Margarine
120 g Feinstzucker
2 Eier (Größe L), verquirlt
50 g Zartbitterschokolade, geschmolzen
Schokoladendekor und goldene Zuckerperlen, zum Dekorieren (nach Belieben)

Schokoladencreme

150 g Zartbitterschokolade, fein gehackt
200 g Schlagsahne
140 g weiche Butter
280 g Puderzucker, gesiebt

1. Den Backofen auf 180 °C vorheizen. Zwei Muffinformen mit 14 Papierbackförmchen auslegen.

2. Mehl, Backpulver und Kakao in eine große Schüssel sieben. Butter, Zucker und Eier zufügen und alles zu einem glatten Teig rühren. Die Schokolade unterziehen.

3. Den Teig in die vorbereiteten Förmchen füllen und im vorgeheizten Ofen 15–20 Minuten backen, bis die Cupcakes gut aufgegangen sind. Aus den Formen heben und auf einem Kuchengitter vollständig erkalten lassen.

4. Für die Creme die Schokolade in eine hitzebeständige Schüssel geben. Die Sahne in einem Topf kurz aufkochen, über die Schokolade gießen und rühren, bis sie geschmolzen ist. Unter gelegentlichem Rühren 20 Minuten abkühlen lassen, bis die Masse dick ist. Butter und Puderzucker in einer Schüssel cremig rühren. Die Schokoladenmasse unterrühren, dann 15–20 Minuten kalt stellen.

5. Die Schokoladencreme in einen Spritzbeutel mit großer Sterntülle füllen und in Rosetten auf die Cupcakes spritzen. Nach Belieben mit Schokoladendekor und Zuckerperlen dekorieren.

Ananas-Cupcakes

 ERGIBT
12 Stück

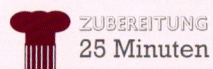 ZUBEREITUNG
25 Minuten

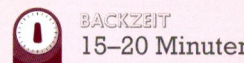 BACKZEIT
15–20 Minuten

Nährwerte pro Stück	400 kcal, 24 g Fett, davon 16 g gesättigt, 36 g Zucker, 0,2 g Salz

Ananas und Kokos gehen geschmacklich eine wunderbare Verbindung in diesen exotischen Cupcakes ein.

ZUTATEN

120 g weiche Butter

120 g Feinstzucker

2 Eier, verquirlt

115 g Mehl

1 TL Backpulver

3 Ananasringe aus der Dose, abgetropft und fein gehackt

25 g kandierte Ananas, gehackt, zum Dekorieren

Frischkäsecreme

120 g weiche Butter

120 g Doppelrahmfrischkäse

280 g Puderzucker, gesiebt

50 g Kokosraspel

1. Den Backofen auf 180 °C vorheizen. Eine 12er-Muffinform mit Papierbackförmchen auslegen.

2. Butter und Zucker in einer Schüssel hell und cremig rühren. Nach und nach die Eier einarbeiten. Mehl und Backpulver darübersieben und sorgfältig unterziehen. Die Ananas unterheben.

3. Den Teig in die vorbereiteten Förmchen füllen und im vorgeheizten Ofen 15–20 Minuten backen, bis die Cupcakes gut aufgegangen sind. Aus der Form heben und auf einem Kuchengitter vollständig erkalten lassen.

4. Für die Frischkäsecreme Butter und Frischkäse glatt rühren. Nach und nach den Puderzucker einarbeiten. Die Kokosraspel untermischen.

5. Die Frischkäsecreme auf den Cupcakes verstreichen. Mit kandierter Ananas dekorieren.

Kolibri-Cupcakes

 ERGIBT
12 Stück

 ZUBEREITUNG
25 Minuten

 BACKZEIT
15–20 Minuten

Nährwerte pro Stück	150 kcal, 20 g Fett, davon 8 g gesättigt, 36 g Zucker, 0,4 g Salz

In diesen fruchtig süßen, saftigen Cupcakes stecken Ananas, Bananen und Pekannüsse. Abgerundet werden sie durch eine feine Zimtnote und gekrönt mit einer wunderbaren Frischkäsecreme.

ZUTATEN

150 g Mehl

¾ TL Speisenatron

1 TL Zimt

125 g Rohrzucker

2 Eier, verquirlt

100 ml Sonnenblumenöl

1 vollreife Banane (80 g ohne Schale), zerdrückt

2 Ananasringe aus der Dose, abgetropft und fein gehackt

25 g Pekannusskerne, fein gehackt, plus einige längs geviertelte Kerne, zum Dekorieren

Frischkäsecreme

140 g Doppelrahmfrischkäse

70 g weiche Butter

5 Tropfen Vanillearoma

280 g Puderzucker, gesiebt

1. Den Backofen auf 180 °C vorheizen. Eine 12er-Muffinform mit Papierbackförmchen auslegen.

2. Mehl, Natron und Zimt in eine Schüssel sieben. Den Zucker untermischen. Eier, Öl, Banane, Ananas und Pekannüsse zugeben und alles zu einem glatten Teig verarbeiten. Den Teig in die vorbereiteten Förmchen füllen.

3. Im vorgeheizten Ofen 15–20 Minuten backen, bis die Cupcakes goldgelb und gut aufgegangen sind. Aus der Form heben und auf einem Kuchengitter vollständig erkalten lassen.

4. Für die Creme Frischkäse, Butter und Vanillearoma mit einem Teigschaber glatt rühren. Den Puderzucker unterrühren. Auf den Cupcakes verstreichen oder daraufspritzen. Mit Pekannüssen dekorieren.

Kirsch-Sahne-Cupcakes

 ERGIBT
12 Stück

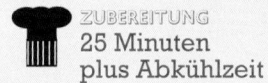 ZUBEREITUNG
25 Minuten
plus Abkühlzeit

 BACKZEIT
25–30 Minuten

Nährwerte pro Stück	580 kcal, 46 g Fett, davon 27 g gesättigt, 24 g Zucker, 0,5 g Salz

Diese einfachen Kirschtörtchen erhalten durch Sahnehaube, Schokoladensauce, Nüsse und bunten Zucker das gewisse Etwas und sind besonders bei Kindern heiß begehrt.

ZUTATEN

175 g weiche Butter oder Margarine
175 g Feinstzucker
3 Eier, verquirlt
5 Tropfen Vanillearoma
200 g Mehl
1½ TL Backpulver
50 g Belegkirschen, gehackt

Schokoladensauce

80 g Zartbitterschokolade, in Stücken
25 g Butter
1 EL heller Zuckerrübensirup

Zum Dekorieren

600 g Schlagsahne
2 EL geröstete, gehackte gemischte Nüsse
rosafarbener Dekorzucker
12 Maraschinokirschen

1. Den Backofen auf 160 °C vorheizen. Eine 12er-Muffinform mit Papierbackförmchen auslegen.

2. Butter und Zucker in einer großen Schüssel hell und cremig rühren. Nach und nach Eier und Vanillearoma einarbeiten. Mehl und Backpulver darübersieben und mit einem Metalllöffel sorgfältig unterziehen. Die Belegkirschen unterheben.

3. Den Teig in die vorbereiteten Förmchen füllen und im vorgeheizten Ofen 25–30 Minuten backen, bis die Cupcakes goldbraun und gut aufgegangen sind. Aus der Form heben und auf einem Kuchengitter vollständig erkalten lassen.

4. Für die Schokoladensauce Schokolade und Butter mit dem Sirup in einer hitzebeständigen Schüssel über einem Wasserbad schmelzen. Dann unter gelegentlichem Rühren 20–30 Minuten abkühlen lassen.

5. Die Sahne steif schlagen. In einen Spritzbeutel mit großer Sterntülle füllen und auf die Cupcakes spritzen. Mit der Schokoladensauce beträufeln. Mit Nüssen und Dekorzucker bestreuen, dann je 1 Maraschinokirsche daraufsetzen.

4

5

5

Rosen-Cupcakes

 ERGIBT
12 Stück

 ZUBEREITUNG
25 Minuten
plus Kühlzeit

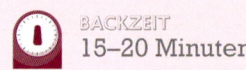 BACKZEIT
15–20 Minuten

Nährwerte pro Stück	306 kcal, 21 g Fett, davon 12,5 g gesättigt, 20 g Zucker, 0,3 g Salz

Diese zarten Cupcakes sind dezent mit Rosenwasser parfümiert und mit weißer Schokolade verfeinert.

ZUTATEN

120 g weiche Butter
120 g Feinstzucker
1 TL Rosenwasser
2 Eier, verquirlt
115 g Mehl
1 TL Backpulver
50 g weiße Schokolade, gerieben
kandierte rosafarbene Rosenblütenblätter, zum Dekorieren

Frischkäsecreme

120 g weiße Schokolade, in
Stücken
2 EL Milch
175 g Doppelrahmfrischkäse
25 g Puderzucker, gesiebt

1. Den Backofen auf 180 °C vorheizen. Eine 12er-Muffinform mit Papierbackförmchen auslegen.

2. Butter, Zucker und Rosenwasser in einer Schüssel hell und cremig rühren. Nach und nach die Eier einarbeiten. Mehl und Backpulver darübersieben und sorgfältig unterziehen. Die Schokolade unterrühren. Den Teig in die vorbereiteten Förmchen füllen.

3. Im vorgeheizten Ofen 15–20 Minuten backen, bis die Cupcakes goldbraun und gut aufgegangen sind. Aus der Form heben und auf einem Kuchengitter vollständig erkalten lassen.

4. Für die Frischkäsecreme Schokolade und Milch in einer hitzebeständigen Schüssel über einem Wasserbad schmelzen. Vom Herd nehmen, glatt rühren und 30 Minuten abkühlen lassen. Frischkäse und Puderzucker glatt rühren, dann die Schokoladenmischung einarbeiten. Im Kühlschrank 1 Stunde setzen lassen. Die Cupcakes mit der Creme bestreichen und mit den Rosenblütenblättern dekorieren.

EINFRIEREN
Die Cupcakes lassen
sich prima einfrie-
ren. Lassen Sie sie
2–3 Stunden bei
Zimmertemperatur
auftauen.

Tiramisu-Cupcakes

 **ERGIBT**
12 Stück

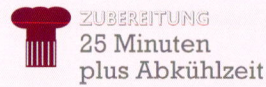 **ZUBEREITUNG**
25 Minuten
plus Abkühlzeit

 **BACKZEIT**
15–20 Minuten

Nährwerte pro Stück	284 kcal, 18 g Fett, davon 11 g gesättigt, 21 g Zucker, 0,2 g Salz

Bei diesen tollen Cupcakes mit Kaffee, Mascarpone und Marsala haben wir uns von dem klassischen italienischen Dessert inspirieren lassen.

ZUTATEN

120 g weiche Butter
120 g Rohrzucker
2 Eier, verquirlt
115 g Mehl, gesiebt
1 TL Backpulver
2 TL Instantkaffeepulver
25 g Puderzucker
4 EL Wasser
2 EL fein geriebene Zartbitterschokolade, zum Dekorieren

Mascarponecreme

225 g Mascarpone
80 g Feinstzucker
2 EL Marsala oder süßer Sherry

1. Den Backofen auf 180 °C vorheizen. Eine 12er-Muffinform mit Papierbackförmchen auslegen.

2. Butter, Zucker, Eier, Mehl und Backpulver in einer Schüssel zu einem glatten Teig verarbeiten. In die vorbereiteten Förmchen füllen.

3. Im vorgeheizten Ofen 15–20 Minuten backen, bis die Cupcakes goldbraun und gut aufgegangen sind.

4. Kaffeepulver, Puderzucker und Wasser in einem Topf unter Rühren sanft erhitzen, bis sich Kaffee und Zucker aufgelöst haben, und etwa 1 Minute köcheln lassen. Dann 10 Minuten abkühlen lassen. Die noch warmen Cupcakes mit dem Kaffeesirup tränken. Die Cupcakes aus der Form heben und auf einem Kuchengitter vollständig erkalten lassen.

5. Für die Creme Mascarpone, Zucker und Marsala in einer Schüssel glatt rühren und auf den Cupcakes verstreichen. Eine Dekorschablone auflegen und mit der geriebenen Schokolade bestreuen.

2

4

5

GUT VORBEREITET
Diese Cupcakes schme-
cken noch aromatischer,
wenn sie am Vortag
zubereitet werden. Mit
Creme versehen und
dekoriert werden sollten
sie allerdings erst
unmittelbar vor dem
Servieren.

Party-Cupcakes

 **ERGIBT**
12 Stück

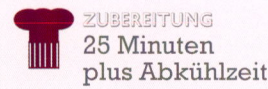 **ZUBEREITUNG**
25 Minuten
plus Abkühlzeit

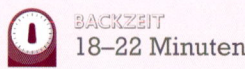 **BACKZEIT**
18–22 Minuten

Nährwerte pro Stück	435 kcal, 24 g Fett, davon 15 g gesättigt, 42 g Zucker, 0,4 g Salz

Diese lustigen Cupcakes sind geradezu perfekt für einen Kindergeburtstag, und wie wäre es, wenn Sie die Kleinen ihre Cupcakes selbst dekorieren lassen? Sie müssen nur dafür sorgen, dass reichlich Süßigkeiten vorhanden sind!

ZUTATEN

150 g weiche Butter oder Margarine

150 g Feinstzucker

3 Eier, verquirlt

150 g Mehl

1½ TL Backpulver

4 TL Knallbrause mit Erdbeergeschmack

Süßigkeiten nach Wahl, zum Dekorieren

Buttercreme

175 g weiche Butter

2 EL Milch

350 g Puderzucker

Lebensmittelfarbe in Pink und Gelb

1. Den Backofen auf 180 °C vorheizen. Eine 12er-Muffinform mit Papierbackförmchen auslegen.

2. Butter und Zucker in einer großen Schüssel hell und cremig rühren. Nach und nach die Eier einarbeiten. Mehl und Backpulver darübersieben und mit einem Metalllöffel sorgfältig unterziehen. Die Hälfte der Knallbrause unterheben.

3. Den Teig in die vorbereiteten Förmchen füllen und im vorgeheizten Ofen 18–22 Minuten backen, bis die Cupcakes goldbraun und gut aufgegangen sind. Aus der Form heben und auf einem Kuchengitter vollständig erkalten lassen.

4. Für die Buttercreme die Butter in einer Schüssel hell und cremig rühren. Die Milch einarbeiten. Den Puderzucker portionsweise darübersieben und unterrühren. Weitere 2–3 Minuten rühren, bis die Creme luftig und locker ist. Die Buttercreme auf zwei Schüsseln aufteilen und jeweils mit Lebensmittelfarbe pink und gelb einfärben.

5. Die Buttercreme auf die Cupcakes spritzen und, falls verwendet, mit Süßigkeiten dekorieren. Unmittelbar vor dem Servieren mit der restlichen Knallbrause bestreuen.

3

5

5

Blaubeermuffins

 ERGIBT
12 Stück

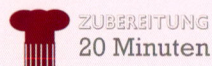 ZUBEREITUNG
20 Minuten

 BACKZEIT
20 Minuten

Nährwerte pro Stück	200 kcal, 8 g Fett, davon 1,5 g gesättigt, 12 g Zucker, 0,5 g Salz

Diese butterzarten Muffins mit saftigen Beeren und feinem Vanille- und Zitronenaroma gehen sprichwörtlich weg wie warme Semmeln.

ZUTATEN

280 g Mehl

1 EL Backpulver

1 Prise Salz

120 g Rohrzucker

150 g gefrorene Blaubeeren

2 Eier

250 ml Milch

80 g Butter, zerlassen und abgekühlt

5 Tropfen Vanillearoma

fein abgeriebene Schale von 1 Zitrone

1. Den Backofen auf 180 °C vorheizen. Eine 12er-Muffinform mit Papierbackförmchen auslegen. Mehl, Backpulver und Salz in eine große Schüssel sieben. Zucker und Blaubeeren vorsichtig untermischen.

2. Die Eier in einem Rührbecher leicht aufschlagen. Milch, Butter, Vanillearoma und Zitronenschale unterrühren. Eine Vertiefung in die Mitte der trockenen Zutaten drücken und die Eiermilch hineingießen. Die Zutaten zu einem groben Teig verarbeiten (nicht zu lange rühren!).

3. Den Teig in die vorbereiteten Förmchen füllen und im vorgeheizten Ofen etwa 20 Minuten backen, bis die Muffins gut aufgegangen und goldbraun sind.

4. Die Muffins 5 Minuten in der Form abkühlen lassen, dann herausheben und auf einem Kuchengitter vollständig erkalten lassen.

1

2

3

Chocolate-Chip-Muffins

 ERGIBT
12 Stück

 ZUBEREITUNG
20 Minuten

 BACKZEIT
20–25 Minuten

Nährwerte pro Stück	252 kcal, 11 g Fett, davon 6,5 g gesättigt, 15 g Zucker, 0,6 g Salz

Diese klassischen amerikanischen Muffins haben eine luftig-lockere Textur und stecken voller knackiger Schokostückchen.

ZUTATEN

300 g Mehl
2½ TL Backpulver
80 g kalte Butter, gewürfelt
80 g Feinstzucker
150 g Vollmilchschokolade, in kleinen Stücken
2 Eier (Größe L), verquirlt
200 ml Buttermilch
5 Tropfen Vanillearoma

1. Den Backofen auf 200 °C vorheizen. Eine 12er-Muffinform mit Papierbackförmchen auslegen.

2. Mehl und Backpulver in eine große Schüssel sieben. Die Butter zufügen und mit den Fingern mit dem Mehl verreiben, bis eine feinkrümelige Masse entstanden ist. Zucker und Schokostückchen untermischen. Eine Vertiefung in die Mitte drücken.

3. Eier, Buttermilch und Vanillearoma verquirlen und in die Vertiefung gießen. Die Zutaten zu einem groben Teig verarbeiten (nicht zu lange rühren!).

4. Den Teig in die vorbereiteten Förmchen füllen und im vorgeheizten Ofen 20–25 Minuten backen, bis die Muffins gut aufgegangen und goldbraun sind. Die Muffins 5 Minuten in der Form abkühlen lassen, dann herausheben und auf einem Kuchengitter vollständig erkalten lassen.

2

2

4

TIPP

Für selbst her-
gestellte Back-
förmchen können
Sie aus Backpa-
pier 13 cm große
Quadrate aus-
schneiden, in die
Form drücken
und die Falten
glatt streichen.

Rosinen-Kleie-Muffins

 **ERGIBT**
12 Stück

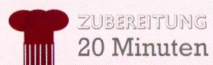 **ZUBEREITUNG**
20 Minuten

 **BACKZEIT**
20 Minuten

Nährwerte pro Stück	211 kcal, 8 g Fett, davon 1,5 g gesättigt, 19 g Zucker, 0,47 g Salz

Schnell zubereitet und dank ihres hohen Ballaststoffgehalts sehr sättigend, sind diese Muffins ideal für den kleinen Hunger zwischendurch.

ZUTATEN

140 g Mehl
1 EL Backpulver
140 g Weizenkleie
120 g Feinstzucker
150 g Rosinen
2 Eier
250 ml Magermilch
6 EL Sonnenblumenöl
5 Tropfen Vanillearoma

1. Den Backofen auf 200 °C vorheizen. Eine 12er-Muffinform mit Papierbackförmchen auslegen. Mehl und Backpulver in eine große Schüssel sieben. Kleie, Zucker und Rosinen untermischen und eine Vertiefung in die Mitte drücken.

2. Die Eier in einem Rührbecher leicht verquirlen. Milch, Öl und Vanillearoma unterrühren. Die Eiermilch in die Vertiefung gießen und mit den trockenen Zutaten zu einem groben Teig verarbeiten (nicht zu lange rühren!).

3. Den Teig in die vorbereiteten Förmchen füllen und im vorgeheizten Ofen etwa 20 Minuten backen, bis die Muffins gut aufgegangen und goldbraun sind.

4. Die Muffins 5 Minuten in der Form abkühlen lassen, dann herausheben und auf einem Kuchengitter vollständig erkalten lassen.

ZUR
ABWECHSLUNG
Die Sultaninen
können durch
klein gewürfelte
getrocknete Apri-
kosen, Korinthen
oder Cranberrys
ersetzt werden.

Schokoladen-Orangen-Muffins

 ERGIBT
12 Stück

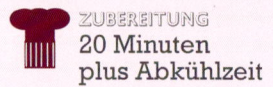 ZUBEREITUNG
20 Minuten
plus Abkühlzeit

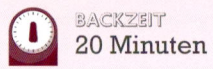 BACKZEIT
20 Minuten

Nährwerte pro Stück	408 kcal, 21 g Fett, davon 9,5 g gesättigt, 37 g Zucker, 0,8 g Salz

Diese köstlichen, herrlich schokoladigen Muffins erhalten durch Orangenschale und -saft eine feine Zitrusnote. Als ob das nicht schon genug wäre, locken sie außerdem mit einer samtigen Schokoladencreme.

ZUTATEN

2 Orangen
125 ml Milch
225 g Mehl
55 g Kakaopulver
1 EL Backpulver
1 Prise Salz
120 g Rohrzucker
150 g Zartbitter-Schokoladentröpfchen
2 Eier
6 EL Sonnenblumenöl oder 80 g Butter, zerlassen und abgekühlt
Orangenzesten, zum Dekorieren

Schokoladencreme
50 g Zartbitterschokolade, in Stücken
25 g Butter
2 EL Wasser
175 g Puderzucker

1. Den Backofen auf 200 °C vorheizen. Eine 12er-Muffinform mit Papierbackförmchen auslegen.

2. Die Schale von beiden Orangen fein abreiben und den Saft auspressen. Den Saft mit Milch auf 250 ml auffüllen und die Orangenschale zufügen. Mehl, Kakao, Backpulver und Salz in eine große Schüssel sieben. Zucker und Schokoladentröpfchen untermischen und eine Vertiefung in die Mitte drücken. Die Eier in einem Rührbecher kurz verquirlen, Orangenmilch und Öl unterrühren. In die Vertiefung der trockenen Zutaten gießen und alles zu einem groben Teig verarbeiten (nicht zu lange rühren!). Den Teig in die vorbereiteten Förmchen füllen.

3. Im vorgeheizten Ofen 20 Minuten backen, bis die Muffins gut aufgegangen sind. Die Muffins 5 Minuten in der Form abkühlen lassen, dann herausheben und auf einem Kuchengitter vollständig erkalten lassen.

4. Für die Creme die Schokolade mit Butter und Wasser in einer hitzebeständigen Schüssel über einem Wasserbad unter Rühren schmelzen. Vom Wasserbad nehmen, den Puderzucker darübersieben und so lange unterrühren, bis die Masse glatt ist. Die Muffins mit der Schokoladencreme bestreichen und mit Orangenzesten dekorieren.

Muffins mit weißer Schokolade & Himbeeren

 **ERGIBT** 12 Stück 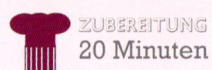 **ZUBEREITUNG** 20 Minuten 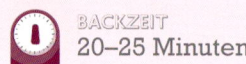 **BACKZEIT** 20–25 Minuten

Nährwerte pro Stück	246 kcal, 11 g Fett, davon 6,5 g gesättigt, 18 g Zucker, 0,5 g Salz

Am allerbesten schmecken diese Muffins lauwarm. Sie sind ein toller Imbiss für die Frühstückspause.

ZUTATEN

250 g Mehl
1 EL Backpulver
120 g Feinstzucker
80 g kalte Butter, geraspelt
1 Ei (Größe L), verquirlt
175 ml Milch
175 g Himbeeren
140 g weiße Schokoladentröpfchen

1. Den Backofen auf 200 °C vorheizen. Eine 12er-Muffinform mit Papierbackförmchen auslegen.

2. Mehl und Backpulver in eine große Schüssel sieben und den Zucker untermischen. Die Butter unterheben und eine Vertiefung in die Mitte drücken. Das Ei in einem Rührbecher leicht verquirlen, dann die Milch unterrühren.

3. Die Eiermilch in die Vertiefung der Mehlmischung gießen und alles zu einem groben Teig verarbeiten (nicht zu lange rühren!). Himbeeren und die Hälfte der Schokoladentröpfchen unterheben.

4. Den Teig in die vorbereiteten Förmchen füllen und mit den restlichen Schokoladentröpfchen bestreuen. Im vorgeheizten Ofen 20–25 Minuten backen, bis die Muffins gut aufgegangen und goldbraun sind. Die Muffins 5 Minuten in der Form abkühlen lassen, dann herausheben und auf einem Kuchengitter vollständig erkalten lassen.

2  **3**  **4**

ZUR
ABWECHSLUNG
Ersetzen Sie die
Himbeeren durch
frische oder ge-
frorene Brombee-
ren oder durch
gewürfelte frische
Mango.

Muffins „Pfirsich Melba"

ERGIBT
12 Stück

ZUBEREITUNG
20 Minuten

BACKZEIT
20–25 Minuten

Nährwerte pro Stück	228 kcal, 10 g Fett, davon 6 g gesättigt, 14 g Zucker, 0,6 g Salz

Der weiche, fruchtige Muffinteig bildet einen wunderbaren Kontrast zu den knackigen Nüssen und der knusprigen Zuckerkruste.

ZUTATEN

280 g Mehl

2½ TL Backpulver

120 g Rohrzucker

1 Ei (Größe L)

150 ml Milch

120 g Butter, zerlassen und abgekühlt

140 g frische Himbeeren

140 g Pfirsichspalten aus der Dose, abgetropft und klein gewürfelt

1 EL gehackte Mandeln

1 EL Demerara-Zucker

1. Den Backofen auf 200 °C vorheizen. Eine 12er-Muffinform mit Papierbackförmchen auslegen. Mehl und Backpulver in eine große Schüssel sieben und den Zucker untermischen. Eine Vertiefung in die Mitte drücken.

2. Das Ei in einem Rührbecher leicht verquirlen, dann Milch und Butter unterrühren. Die Eiermilch in die Vertiefung der trockenen Zutaten gießen und alles zu einem groben Teig verarbeiten (nicht zu lange rühren!).

3. Himbeeren und Pfirsiche unterheben. Den Teig in die vorbereiteten Förmchen füllen. Mandeln und Demerara-Zucker mischen und die Muffins damit bestreuen. Im vorgeheizten Ofen 20–25 Minuten backen, bis die Muffins gut aufgegangen und goldbraun sind.

4. Die Muffins 5 Minuten in der Form abkühlen lassen, dann herausheben und auf einem Kuchengitter vollständig erkalten lassen.

2

3

3

TIPP
Lassen Sie die Pfirsiche vor dem Schneiden gut abtropfen und tupfen Sie sie mit Küchenpapier ganz trocken.

Schoko-Sauerkirsch-Muffins

 ERGIBT
12 Stück

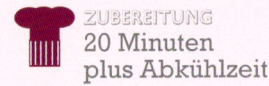 ZUBEREITUNG
20 Minuten
plus Abkühlzeit

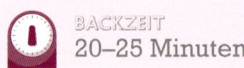 BACKZEIT
20–25 Minuten

Nährwerte pro Stück	244 kcal, 12 g Fett, davon 7 g gesättigt, 16 g Zucker, 0,7 g Salz

In diesen luxuriösen Muffins verbergen sich getrocknete Sauerkirschen. Herrlich cremig werden sie durch die Schokoladenglasur.

ZUTATEN

225 g Mehl
1 EL Backpulver
40 g Kakaopulver
120 g Rohrzucker
80 g kalte Butter, geraspelt
2 Eier
175 ml Milch
50 g getrocknete Sauerkirschen
1 EL Schokoladenspäne

Glasur

50 g Zartbitterschokolade, in Stücken
25 g Butter

1. Den Backofen auf 200 °C vorheizen. Eine 12er-Muffinform mit Papierbackförmchen auslegen. Mehl, Backpulver und Kakao in eine große Schüssel sieben. Zucker und Butter untermischen. Eine Vertiefung in die Mitte drücken.

2. Die Eier in einem Rührbecher leicht verquirlen, dann die Milch unterrühren. Die Eiermilch in die Vertiefung der Mehlmischung gießen und alles zu einem groben Teig verarbeiten (nicht zu lange rühren!). Die Sauerkirschen vorsichtig unterheben.

3. Den Teig in die vorbereiteten Förmchen füllen und im vorgeheizten Ofen 20–25 Minuten backen, bis die Muffins gut aufgegangen sind. Die Muffins 5 Minuten in der Form abkühlen lassen, dann herausheben und auf einem Kuchengitter vollständig erkalten lassen.

4. Für die Glasur Schokolade und Butter in einer hitzebeständigen Schüssel über einem Wasserbad schmelzen und glatt rühren. Etwa 15 Minuten abkühlen lassen, dann auf den Muffins verstreichen und mit den Schokoladenspänen dekorieren.

TIPP Die Späne mit einem Gemüseschäler von einer Tafel Schokolade abhobeln.

Beerenmuffins

ERGIBT
12 Stück

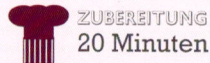
ZUBEREITUNG
20 Minuten

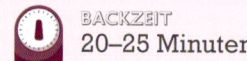
BACKZEIT
20–25 Minuten

Nährwerte pro Stück	255 kcal, 15 g Fett davon, 7 g gesättigt, 13 g Zucker, 0,5 g Salz

Diese saftigen Beerenmuffins sind im Handumdrehen zubereitet und schmecken nach Sommer pur.

ZUTATEN

225 g Mehl

2 TL Backpulver

50 g gemahlene Mandeln

125 g Feinstzucker, plus etwas mehr zum Bestreuen

150 g Butter, zerlassen

100 ml Milch

2 Eier, verquirlt

250 g gemischte frische Beeren, z. B. Blaubeeren, Himbeeren, Brombeeren und rote Johannisbeeren

1. Den Backofen auf 190 °C vorheizen. Eine 12er-Muffinform mit Papierbackförmchen auslegen.

2. Mehl und Backpulver in eine große Schüssel sieben. Mandeln und Zucker untermischen und eine Vertiefung in die Mitte drücken.

3. Butter, Milch und Eier in einem Rührbecher verquirlen. Die Eiermilch in die Vertiefung der trockenen Zutaten gießen und alles zu einem groben Teig verarbeiten (nicht zu lange rühren!). Die Beeren vorsichtig unterheben.

4. Den Teig in die vorbereiteten Förmchen füllen und im vorgeheizten Ofen 20–25 Minuten backen, bis die Muffins gut aufgegangen und goldbraun sind. Mit Zucker bestreuen und 5 Minuten in der Form abkühlen lassen, dann herausheben und auf einem Kuchengitter vollständig erkalten lassen.

EINFRIEREN
Diese Muffins
lassen sich bis
zu 2 Monate
einfrieren. Bei
Zimmertemperatur
auftauen lassen.

Irish-Toffee-Muffins

 **ERGIBT** 12 Stück 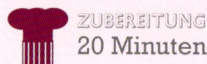 **ZUBEREITUNG** 20 Minuten  **BACKZEIT** 20 Minuten

Nährwerte pro Stück	232 kcal, 13 g Fett, davon 8 g gesättigt, 6 g Zucker, 0,6 g Salz

Whisky, Kaffeelikör und Schlagsahne machen aus diesen einfachen Muffins kleine Köstlichkeiten für besondere Anlässe.

ZUTATEN

280 g Mehl

1 EL Backpulver

1 Prise Salz

80 g Butter

50 g Rohrzucker

1 Ei (Größe L), verquirlt

125 g Schlagsahne

5 Tropfen Bittermandelaroma

2 EL Espresso

2 EL Kaffeelikör

4 EL irischer Whisky

steif geschlagene Sahne und Kakaopulver, zum Dekorieren (nach Belieben)

1. Den Backofen auf 200 °C vorheizen. Eine 12er-Muffinform mit Papierbackförmchen auslegen. Mehl, Backpulver und Salz in eine große Schüssel sieben und eine Vertiefung in die Mitte drücken.

2. In einer zweiten Schüssel Butter und Zucker in einer Schüssel hell und cremig rühren, dann das Ei einarbeiten. Sahne, Mandelaroma, Espresso, Likör und Whisky unterrühren. Die Mischung in die Vertiefung der trockenen Zutaten gießen und alles zu einem groben Teig verarbeiten (nicht zu lange rühren!).

3. Den Teig in die vorbereiteten Förmchen füllen und im Ofen 20 Minuten backen, bis die Muffins gut aufgegangen und goldbraun sind.

4. Die Muffins 5 Minuten in der Form abkühlen lassen, dann herausheben und auf einem Kuchengitter vollständig erkalten lassen. Nach Belieben steif geschlagene Sahne mit einem Spritzbeutel mit Sterntülle auf die Muffins spritzen und mit Kakao bestäuben. Die Muffins bis zum Servieren im Kühlschrank aufbewahren.

ZUR ABWECHSLUNG
Für mundgerechte Mi-
nimuffins den Teig in
30 Minipapierback-
förmchen füllen und
10–12 Minuten backen.

Cranberrymuffins

 **ERGIBT**
10 Stück

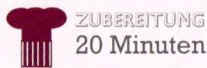 **ZUBEREITUNG**
20 Minuten

 **BACKZEIT**
20 Minuten

Nährwerte pro Stück	170 kcal, 7 g Fett, davon 1 g gesättigt, 7 g Zucker, 0,4 g Salz

In diesen Muffins gehen Cranberrys, Äpfel und Konfitüre eine köstliche, nicht allzu süße Allianz ein.

ZUTATEN

175 g Mehl

55 g Weizenvollkornmehl

2 TL Backpulver

½ TL Speisenatron

1 TL Zimt

1 Ei

70 g feine Orangenmarmelade

150 ml Mager- oder fettarme Milch

5 EL Maiskeimöl, plus eventuell etwas mehr zum Einfetten

120 g Cranberrys, aufgetaut, falls gefroren

120 g Tafelapfel, geschält, entkernt, klein gewürfelt

1 EL Haferflocken

1. Den Backofen auf 200 °C vorheizen. Eine 12er-Muffinform mit 10 Papierbackförmchen auslegen oder eine Silikonform einfetten. Beide Mehlsorten, Backpulver, Natron und Zimt in eine große Schüssel sieben. Im Sieb zurückbleibende Kleie ebenfalls in die Schüssel geben. Eine Vertiefung in die Mitte drücken.

2. Ei und Marmelade in einem Rührbecher leicht verquirlen, dann Milch und Öl unterrühren. Die Eiermilch in die Vertiefung der trockenen Zutaten gießen und alles zu einem groben Teig verarbeiten (nicht zu lange rühren!). Cranberrys und Apfelstücke unterheben.

3. Den Teig in die vorbereiteten Förmchen füllen und mit den Haferflocken bestreuen. Im vorgeheizten Ofen etwa 20 Minuten backen, bis die Muffins gut aufgegangen und goldbraun sind.

4. Die Muffins 5 Minuten in der Form abkühlen lassen, dann herausheben und auf einem Kuchengitter vollständig erkalten lassen.

2

2

3

EINFRIEREN
Diese Muffins
lassen sich bis
zu 2 Monate
einfrieren.
2-3 Stunden bei
Zimmertemperatur
auftauen lassen.

Erdnuss-Toffee-Muffins

ERGIBT 12 Stück **ZUBEREITUNG** 20 Minuten **BACKZEIT** 20–25 Minuten

Nährwerte pro Stück	280 kcal, 13 g Fett, davon 5 g gesättigt, 18 g Zucker, 0,6 g Salz

Erdnussbutter verleiht diesen Muffins ein wunderbar nussiges Aroma und eine herrlich knackige Textur.

ZUTATEN

250 g Mehl

4 TL Backpulver

80 g Feinstzucker

6 EL grobe Erdnussbutter

1 Ei (Größe L)

175 ml Milch

50 g Butter, zerlassen und abgekühlt

150 g Vanille-Toffee, in kleinen Stücken

3 EL grob gehackte ungesalzene Erdnüsse

1. Den Backofen auf 200 °C vorheizen. Eine 12er-Muffinform mit Papierbackförmchen auslegen. Mehl und Backpulver in eine kleine Schüssel sieben und den Zucker untermischen. Die Erdnussbutter mit den Fingern hineinreiben, bis eine krümelige Masse entstanden ist. Die Mischung in eine große Schüssel umfüllen und eine Vertiefung in die Mitte drücken.

2. Das Ei in einem Rührbecher leicht verquirlen, dann Milch und Butter unterrühren. Die Eiermilch in die Vertiefung der Mehlmischung gießen, die Toffee-Stücke zugeben und alles zu einem groben Teig verarbeiten (nicht zu lange rühren!).

3. Den Teig in die vorbereiteten Förmchen füllen und mit den Erdnüssen bestreuen. Im vorgeheizten Ofen 20–25 Minuten backen, bis die Muffins gut aufgegangen und goldbraun sind.

4. Die Muffins 5 Minuten in der Form abkühlen lassen, dann herausheben und auf einem Kuchengitter vollständig erkalten lassen.

1

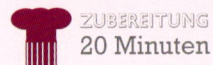

2

4

TIPP
Wärmen Sie
Muffins vom
Vortag bei mittle-
rer Temperatur
5–10 Minuten
im vorgeheizten
Ofen auf.

Apfel-Zimt-Muffins

 ERGIBT
12 Stück

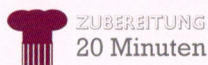 ZUBEREITUNG
20 Minuten

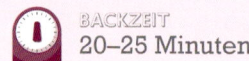 BACKZEIT
20–25 Minuten

Nährwerte pro Stück	210 kcal, 9 g Fett, davon 2 g gesättigt, 13 g Zucker, 0,3 g Salz

Gesunde Muffins aus Vollkornweizen- und Hafermehl, Rohrzucker und Äpfeln – schmecken am besten warm aus dem Ofen.

ZUTATEN

200 g Weizenvollkornmehl

75 g Hafermehl

2 TL Backpulver

1 TL Zimt

125 g Rohrzucker

2 Eier (Größe L)

225 ml fettarme Milch

100 ml Erdnussöl

5 Tropfen Vanillearoma

1 großer Kochapfel, geschält, entkernt und geraspelt

1. Den Backofen auf 180 °C vorheizen. Eine 12er-Muffinform mit Papierbackförmchen auslegen.

2. Beide Mehlsorten, Backpulver und Zimt in eine große Schüssel sieben. Im Sieb zurückbleibende Kleie ebenfalls in die Schüssel geben. Den Zucker untermischen und eine Vertiefung in die Mitte drücken.

3. Die Eier in einem Rührbecher leicht verquirlen, dann Milch, Öl und Vanillearoma unterrühren. Die Eiermilch in die Vertiefung der trockenen Zutaten gießen und alles zu einem groben Teig verarbeiten (nicht zu lange rühren!). Den geraspelten Apfel unterheben.

4. Den Teig in die vorbereiteten Förmchen füllen und im vorgeheizten Ofen 20–25 Minuten backen, bis die Muffins gut aufgegangen und goldbraun sind.

5. Die Muffins 5 Minuten in der Form abkühlen lassen, dann herausheben und auf einem Kuchengitter vollständig erkalten lassen.

2

3

3

Schokoladen-Whoopies 118

Vanille-Woopies 120

Zimt-Mokka-Whoopies 122

Rüblischnitten 124

Erdbeer-Sahne-Sandwichs 126

Blaubeer-Scones 128

Zimt-Scones 130

Cranberry-Orangen-Scones 132

Schoko-Zimt-Brownies 134

Schoko-Kirsch-Brownies 136

Toffee-Blondies 138

Doppelschoko-Pekannuss-Blondies 140

Kuchen-Lollis 142

Schoko-Minz-Lollis 144

Marshmallow-Riegel 146

Rocky-Road-Riegel 148

Dattel-Pistazien-Finger 150

Vanillemakronen 152

Karamellschnitten 154

Schoko-Nuss-Konfekt 156

Kokosbaiser-Schnitten 158

Haferflockenriegel mit Aprikosen 160

Ingwer-Schoko-Schnitten 162

Einfache Müsliriegel 164

Schnitten & Riegel

Schokoladen-Whoopies

 ERGIBT
12 Stück

 ZUBEREITUNG
30 Minuten
plus Kühlzeit

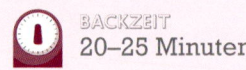 BACKZEIT
20–25 Minuten

Nährwerte pro Stück	480 kcal, 35 g Fett, davon 19 g gesättigt, 26 g Zucker, 0,8 g Salz

Whoopies sind eine amerikanische Erfindung. Dabei handelt es sich um runde weiche Plätzchen mit Cremefüllung. Diese Schokoladenversion ist einfach unwiderstehlich!

ZUTATEN

200 g Mehl

1½ TL Speisenatron

25 g Kakaopulver

1 große Prise Salz

80 g weiche Butter

80 g Pflanzenfett

150 g Rohrzucker

25 g Zartbitterschokolade, fein gerieben

1 Ei (Größe L), verquirlt

125 ml Milch

4 EL Schokoladenstreusel

Füllung

175 g weiße Schokolade, in Stücken

2 EL Milch

300 g Schlagsahne

1. Den Backofen auf 180 °C vorheizen. Zwei Backbleche mit Backpapier auslegen. Mehl, Natron, Kakao und Salz in eine Schüssel sieben.

2. Butter, Pflanzenfett, Zucker und geriebene Schokolade in einer zweiten großen Schüssel mit dem elektrischen Handrührgerät hell und cremig rühren. Das Ei einarbeiten. Die Hälfte der Mehlmischung, dann die Milch und zuletzt die restliche Mehlmischung unterrühren.

3. Mit einem Löffel oder dem Spritzbeutel 24 kleine Teigportionen mit ausreichend Abstand auf die vorbereiteten Backbleche setzen. Im vorgeheizten Ofen 10–12 Minuten backen, bis die Plätzchen gut aufgegangen sind. 5 Minuten auf dem Blech abkühlen lassen, dann auf ein Kuchengitter heben und vollständig erkalten lassen.

4. Für die Füllung Schokolade und Milch in einer hitzebeständigen Schüssel über einem Wasserbad unter gelegentlichem Rühren schmelzen. Vom Wasserbad nehmen und etwa 30 Minuten abkühlen lassen. Die Sahne steif schlagen und die Schokolade unterziehen. Abgedeckt 30–45 Minuten im Kühlschrank setzen lassen, bis die Creme streichfähig ist.

5. Die Creme auf die flache Seite der Hälfte der Plätzchen spritzen oder streichen und die restlichen Plätzchen daraufsetzen. Die Schokoladenstreusel auf einen Teller geben und die Whoopies mit dem Rand darin rollen.

2

4

4

Vanille-Whoopies

 **ERGIBT**
12 Stück

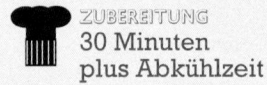 **ZUBEREITUNG**
30 Minuten
plus Abkühlzeit

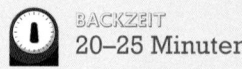 **BACKZEIT**
20–25 Minuten

Nährwerte pro Stück	445 kcal, 24 g Fett, davon 15 g gesättigt, 39 g Zucker, 0,7 g Salz

Diese weichen Plätzchen sind mit einer Milchschokoladencreme gefüllt. Sie schmecken köstlich zu einer Tasse frisch gebrühten Kaffee.

ZUTATEN

250 g Mehl
2 TL Speisenatron
1 große Prise Salz
175 g weiche Butter
150 g Feinstzucker
1 Ei (Größe L), verquirlt
10 Tropfen Vanillearoma
150 ml Buttermilch

Füllung

120 g Vollmilchschokolade, in Stücken
120 g weiche Butter
250 g Puderzucker, gesiebt

1. Den Backofen auf 180 °C vorheizen. Zwei Backbleche mit Backpapier auslegen. Mehl, Natron und Salz in eine Schüssel sieben.

2. Butter und Zucker in einer zweiten Schüssel hell und cremig rühren. Ei und Vanillearoma einarbeiten. Die Hälfte des Mehls unterrühren, dann die Buttermilch und das restliche Mehl.

3. Mit einem Löffel oder einem Spritzbeutel 24 Teigportionen mit ausreichend Abstand auf die vorbereiteten Bleche setzen. Im vorgeheizten Ofen 10–12 Minuten backen, bis die Plätzchen gut aufgegangen sind. 5 Minuten auf den Blechen abkühlen lassen, dann mit einem Palettenmesser auf ein Kuchengitter heben und vollständig erkalten lassen.

4. Für die Füllung die Schokolade in einem hitzebeständigen Topf über einem Wasserbad schmelzen. Vom Wasserbad nehmen und etwa 20 Minuten unter gelegentlichem Rühren abkühlen lassen. Die Butter in einer Schüssel mit dem elektrischen Handrührgerät 2–3 Minuten hell und cremig rühren. Nach und nach den Puderzucker einarbeiten. Dann die Schokolade unterrühren.

5. Die Creme auf die flache Seite der Hälfte der Plätzchen streichen oder spritzen und mit den restlichen Plätzchen bedecken.

2

3

5

Zimt-Mokka-Whoopies

 ERGIBT
15 Stück

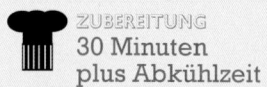 ZUBEREITUNG
30 Minuten
plus Abkühlzeit

 BACKZEIT
20–25 Minuten

Nährwerte pro Stück	325 kcal, 16 g Fett, davon 10 g gesättigt, 31 g Zucker, 0,6 g Salz

Inspiriert vom klassischen amerikanischen Cookie haben diese Whoopies ein zartes Zimtaroma und sind mit einer feinen Mokkacreme gefüllt. Einzeln verpackt halten sich diese Plätzchen 2–3 Tage im Kühlschrank.

ZUTATEN

250 g Mehl

1 TL Speisenatron

1 große Prise Salz

2 TL Zimt

120 g weiche Butter

150 g Feinstzucker, plus 2 EL mehr zum Bestreuen

1 Ei (Größe L), verquirlt

5 Tropfen Vanillearoma

150 ml Buttermilch

Füllung

120 g weiche Butter

80 g Doppelrahmfrischkäse

1 EL kalter Espresso

280 g Puderzucker, gesiebt

1. Den Backofen auf 180 °C vorheizen. Zwei Backbleche mit Backpapier auslegen. Mehl, Natron, Salz und 1 Teelöffel Zimt in eine Schüssel sieben.

2. Butter und Zucker in einer Schüssel hell und cremig rühren. Ei und Vanillearoma einarbeiten. Die Hälfte des Mehls unterrühren, gefolgt von der Buttermilch und dem restlichen Mehl.

3. Mit einem Löffel oder einem Spritzbeutel 30 Teigportionen mit ausreichend Abstand auf die vorbereiteten Bleche setzen. Den restlichen Zimt mit dem zusätzlichen Zucker mischen und die Teigportionen großzügig damit bestreuen. Im vorgeheizten Ofen 10–12 Minuten backen, bis die Plätzchen gut aufgegangen sind. 5 Minuten auf den Blechen abkühlen lassen, dann mit einem Palettenmesser auf ein Kuchengitter heben und vollständig erkalten lassen.

4. Für die Füllung Butter, Frischkäse und Espresso in einer Schüssel glatt rühren. Nach und nach den Puderzucker einarbeiten.

5. Die Füllung auf die flache Seite der Hälfte der Plätzchen streichen oder spritzen und mit den restlichen Plätzchen bedecken.

Rüblischnitten

 ERGIBT
20 Stück

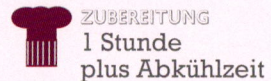 ZUBEREITUNG
1 Stunde
plus Abkühlzeit

 BACKZEIT
35 Minuten

Nährwerte pro Stück	250 kcal, 15,5 g Fett, davon 8 g gesättigt, 19 g Zucker, 0,3 g Salz

Rüblischnitten schmecken das ganze Jahr und durften in unserer Auswahl auf keinen Fall fehlen. Sie lassen sich gut im Voraus zubereiten. Einzig das zarte „Karottengrün" sollte erst unmittelbar vor dem Servieren angebracht werden.

ZUTATEN

150 g weiche Butter, plus etwas
mehr zum Einfetten

150 g Muskovado-Zucker

3 Eier, verquirlt

150 g Mehl

2 TL Backpulver

1 Prise Salz

½ TL Lebkuchengewürz

80 g gemahlene Mandeln

fein abgeriebene Schale
von 1 Zitrone

150 g Karotten, gerieben

80 g Sultaninen, grob gehackt

Belag

150 g Doppelrahmfrischkäse

40 g weiche Butter

120 g Puderzucker, plus etwas
mehr zum Bestäuben

2 EL Zitronensaft

60 g Marzipanrohmasse

Lebensmittelfarbe in Orange

einige Dillspitzen

1. Den Backofen auf 180 °C vorheizen. Eine rechteckige Backform (26 cm x 22 cm) einfetten und mit Backpapier auslegen. Das Backpapier ebenfalls einfetten. Butter, Zucker, Eier, Mehl, Backpulver, Salz, Lebkuchengewürz, Mandeln und Zitronenschale in einer Schüssel mit dem elektrischen Handrührgerät zu einem glatten Teig rühren. Karotten und Sultaninen unterheben.

2. Den Teig in die vorbereitete Form füllen und glatt streichen. Im vorgeheizten Ofen 35 Minuten backen, bis er gut aufgegangen ist und sich fest anfühlt. Den Kuchen 10 Minuten in der Form abkühlen lassen, dann auf ein Kuchengitter stürzen und erkalten lassen.

3. Für den Belag Frischkäse, Butter, Puderzucker und Zitronensaft glatt rühren. Die Marzipanrohmasse mit der Lebensmittelfarbe einfärben. Auf einer leicht mit Puderzucker bestäubten Arbeitsfläche zu einem Strang rollen. In 20 Stücke teilen und diese zu kleinen Karotten formen. Mit einem Messerrücken feine Kerben eindrücken.

4. Die Frischkäsecreme mit einem Palettenmesser bis fast an den Rand auf dem Kuchen verstreichen. Die Teigränder begradigen. Den Kuchen in 20 Stücke schneiden. Je eine Marzipankarotte daraufsetzen und etwas Dill als Karottengrün anbringen.

Erdbeer-Sahne-Sandwichs

 ERGIBT
12 Stück

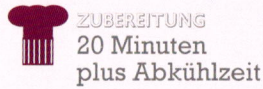 ZUBEREITUNG
20 Minuten
plus Abkühlzeit

 BACKZEIT
15 Minuten

Nährwerte pro Stück	211 kcal, 13 g Fett, davon 8 g gesättigt, 18 g Zucker, 0,2 g Salz

Diese kleinen, feinen Sandwichs sind die idealen Begleiter zu einer Tasse Tee, wenn Ihnen andere Kuchen zu reichhaltig sind.

ZUTATEN

70 g weiche Butter, plus etwas mehr zum Einfetten

1 Prise Salz

70 g Feinstzucker

70 g Mehl

½ TL Backpulver

1 Ei, verquirlt

1 Eigelb

5 Tropfen Vanillearoma

Füllung und Glasur

150 g Schlagsahne

6 EL Erdbeerkonfitüre

80 g Puderzucker

1 EL Zitronensaft

1. Den Backofen auf 180 °C vorheizen. Zwölf Vertiefungen einer Minimuffinform einfetten und die Böden mit Backpapierkreisen belegen. Butter, Salz, Zucker, Mehl, Backpulver, Ei, Eigelb und Vanillearoma zu einem glatten Teig rühren.

2. Den Teig mit einem Teelöffel in die Förmchen füllen und glatt streichen. Im vorgeheizten Ofen 15 Minuten backen, bis der Teig gut aufgegangen ist und auf Fingerdruck elastisch nachgibt. Die Muffins 5 Minuten in der Form abkühlen lassen. Dann herauslösen und auf einem Kuchengitter erkalten lassen. Die Muffins waagerecht halbieren.

3. Für die Füllung die Sahne steif schlagen. 2 Esslöffel Erdbeerkonfitüre durch ein kleines Haarsieb streichen. In eine kleine Spritztüte füllen und eine kleine Spitze abschneiden. Die Muffinhälften mit der restlichen Konfitüre und der Schlagsahne zusammensetzen. Für die Glasur Puderzucker und Zitronensaft in einer Schale glatt rühren und bis fast an den Rand auf den Sandwichs verstreichen. Ein paar Konfitüretupfen daraufspritzen und ein Holzstäbchen durchziehen.

2

3

3

ZUR ABWECHSLUNG Nehmen Sie Schwarze-Johannisbeer- oder Aprikosenkonfitüre.

Blaubeer-Scones

 **ERGIBT** 8 Stück   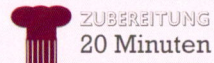 **ZUBEREITUNG** 20 Minuten   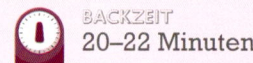 **BACKZEIT** 20–22 Minuten

Nährwerte pro Stück	257 kcal, 10 g Fett, davon 6 g gesättigt, 13 g Zucker, 0,7 g Salz

Diese weichen Scones stecken voller frischer, saftiger Blaubeeren und schmecken lauwarm und mit etwas Butter bestrichen am allerbesten.

ZUTATEN

80 g kalte Butter, gewürfelt, plus etwas mehr zum Einfetten und Servieren

250 g Mehl, plus etwas mehr zum Bestäuben

2 TL Backpulver

¼ TL Salz

70 g Rohrohrzucker

120 g Blaubeeren

1 Ei

100 ml Buttermilch

1 EL Milch

1 EL Demerara-Zucker

1. Den Backofen auf 200 °C vorheizen. Ein Backblech einfetten.

2. Mehl, Backpulver und Salz in eine große Schüssel sieben. Die Butterwürfel mit den Fingern in die trockenen Zutaten reiben, bis eine feinkrümelige Masse entstanden ist. Zucker und Blaubeeren untermischen.

3. Ei und Buttermilch verquirlen und über die Krümelmasse gießen. Alles zu einem weichen Teig verarbeiten. Den Teig auf einer bemehlten Arbeitsfläche sehr behutsam kneten.

4. Den Teig vorsichtig zu einem 18 cm großen Kreis formen und mit einem scharfen Messer in acht gleich große Stücke schneiden. Die Stücke auf das vorbereitete Backblech setzen, mit der Milch bestreichen und mit dem Demerara-Zucker bestreuen. Im vorgeheizten Ofen 20–22 Minuten backen, bis die Scones gut aufgegangen und goldbraun sind. Auf einem Kuchengitter etwas abkühlen lassen, dann mit Butter servieren.

ZUR ABWECHSLUNG
Falls Sie keine frischen
Blaubeeren finden, können
Sie auch Tiefkühlware
oder 125 g getrocknete
Blaubeeren verwenden.

Zimt-Scones

 ERGIBT
8 Stück

 ZUBEREITUNG
20 Minuten

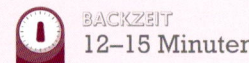 BACKZEIT
12–15 Minuten

Nährwerte pro Stück	241 kcal, 7 g Fett, davon 4,5 g gesättigt, 18 g Zucker, 0,9 g Salz

Diese fruchtigen Scones sind dezent mit Zimt gewürzt und mit einem feinen, süßen Zimt-Zucker-Guss überzogen.

ZUTATEN

50 g kalte Butter, gewürfelt, plus etwas mehr zum Einfetten und Servieren

250 g Mehl, plus etwas mehr zum Bestäuben

2 TL Backpulver

1 Prise Salz

1 TL Zimt

40 g Feinstzucker

50 g Sultaninen

150 ml Milch, plus etwas mehr zum Bestreichen

Glasur

50 g Puderzucker

½ TL Zimt

1–2 EL lauwarmes Wasser

1. Den Backofen auf 200 °C vorheizen. Ein Backblech leicht einfetten und mit Mehl bestäuben.

2. Mehl, Backpulver, Salz und Zimt in eine Schüssel sieben. Die Butterwürfel mit den Fingern in die Trockenzutaten reiben, bis eine feinkrümelige Masse entstanden ist. Zucker und Sultaninen untermischen.

3. Die Milch zugießen und alles zu einem weichen Teig verarbeiten. Auf einer bemehlten Arbeitsfläche kurz durchkneten. Den Teig 2 cm dick ausrollen und mit einer runden Ausstechform (7 cm Ø) insgesamt 8 Kreise ausstechen. Den Teig zwischendurch neu verkneten und ausrollen.

4. Die Scones auf das vorbereitete Backblech setzen und mit Milch bestreichen. Im Ofen 12–15 Minuten backen, bis sie gut aufgegangen und goldbraun sind. Zum Abkühlen auf ein Kuchengitter setzen.

5. Für die Glasur Puderzucker und Zimt in eine Schüssel sieben und mit dem Wasser dickflüssig anrühren. Die Scones damit überziehen und fest werden lassen. Mit Butter servieren.

2

3

4

DAZU PASST

Orangenbutter:
Mischen Sie
fein abgeriebene
Orangenschale in
weiche Butter.

Cranberry-Orangen-Scones

 ERGIBT
6 Stück

 ZUBEREITUNG
20 Minuten

 BACKZEIT
20 Minuten

Nährwerte pro Stück	357 kcal, 14 g Fett, davon 8 g gesättigt, 12 g Zucker, 0,9 g Salz

Frisch zubereitet, schmecken diese Scones besonders gut zu einem gemütlichen Sonntagsfrühstück in der kalten Jahreszeit.

ZUTATEN

80 g kalte Butter, gewürfelt, plus etwas mehr zum Einfetten und Servieren

280 g Mehl, plus etwas mehr zum Bestäuben

2 TL Backpulver

¼ TL Salz

50 g Feinstzucker, plus etwas mehr zum Bestreuen

70 g getrocknete Cranberrys, gehackt

1 Ei

150 ml Buttermilch

fein abgeriebene Schale von 1 Orange

verquirltes Eiweiß, zum Bestreichen

1. Den Backofen auf 200 °C vorheizen. Ein Backblech leicht einfetten.

2. Mehl, Backpulver und Salz in eine große Schüssel sieben. Die Butterwürfel mit den Fingern in die trockenen Zutaten reiben, bis eine feinkrümelige Masse entstanden ist. Zucker und fast alle Cranberrys untermischen. Ei, Buttermilch und Orangenschale verquirlen und über die Krümelmasse gießen. Alles zu einem weichen Teig verarbeiten und auf einer bemehlten Arbeitsfläche kurz durchkneten.

3. Den Teig zu einem 22 cm x 14 cm großen Rechteck formen und mit einem scharfen Messer in 6 gleich große Stücke schneiden. Auf das vorbereitete Backblech setzen, die restlichen Cranberrys darauf verteilen und leicht andrücken. Mit dem Eiweiß bestreichen und mit Zucker bestreuen.

4. Die Scones im vorgeheizten Ofen 20 Minuten backen, bis sie gut aufgegangen und goldbraun sind. Auf einem Kuchengitter etwas abkühlen lassen, dann mit Butter servieren.

2

2

3

Schoko-Zimt-Brownies

 **ERGIBT** 16 Stück

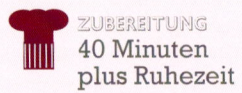 **ZUBEREITUNG** 40 Minuten plus Ruhezeit

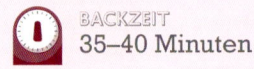 **BACKZEIT** 35–40 Minuten

Nährwerte pro Stück	348 kcal, 19 g Fett, davon 9 g gesättigt, 29 g Zucker, 0,3 g Salz

Brownies zu backen ist wirklich ein Kinderspiel. Sie halten lange und schmecken einfach herrlich. Wir haben unserem Teig knackige Pekannüsse und eine feine Zimtnote zugefügt. Abgerundet wird das Ganze mit einer weißen Schokoladenglasur.

ZUTATEN

175 g Butter, plus etwas mehr zum Einfetten

120 g Zartbitterschokolade, in Stücken

80 g Pekannusshälften

250 g Feinstzucker

4 Eier, verquirlt

225 g Mehl

2 TL Zimt

Glasur

25 g Butter

50 g weiße Schokolade, in Stücken

2 EL Milch

120 g Puderzucker

1. Den Backofen auf 180 °C vorheizen. Eine quadratische Backform (23 cm x 23 cm) einfetten.

2. Zartbitterschokolade und Butter in einer hitzebeständigen Schüssel über einem Wasserbad schmelzen, dann etwas abkühlen lassen.

3. 16 Pekannusshälften für die Dekoration beiseitelegen, die restlichen Nüsse hacken. Zucker und Eier in einer Schüssel dickcremig verrühren. Schokoladenmasse, Mehl, Zimt und gehackte Nüsse unterziehen.

4. Den Teig in die vorbereitete Form füllen und im vorgeheizten Ofen 35–40 Minuten backen. In der Form erkalten lassen.

5. Für die Glasur Butter und weiße Schokolade in einer hitzebeständigen Schüssel über einem Wasserbad sehr sanft schmelzen. Vom Wasserbad nehmen und Milch und Puderzucker unterrühren. Die Glasur auf den Brownies verstreichen und 30 Minuten fest werden lassen. Dann in 16 Stücke schneiden und mit je 1 Pekannusshälfte dekorieren.

3

5

5

Schoko-Kirsch-Brownies

 **ERGIBT**
12 Stück

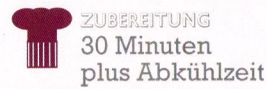 **ZUBEREITUNG**
30 Minuten
plus Abkühlzeit

 **BACKZEIT**
45–50 Minuten

Nährwerte pro Stück	364 kcal, 21 g Fett, davon 12 g gesättigt, 33 g Zucker, 0,4 g Salz

Knackige weiße Schokoladenstückchen und saftige, frische Kirschen machen aus diesen Brownies etwas ganz Besonderes.

ZUTATEN

175 g Butter, plus etwas mehr zum Einfetten

175 g Zartbitterschokolade, in Stücken

225 g Feinstzucker

3 Eier (Größe L), verquirlt

5 Tropfen Vanillearoma

125 g Mehl

1 TL Backpulver

175 g frische Kirschen, entsteint

80 g weiße Schokolade, grob gehackt

1. Den Backofen auf 180 °C vorheizen. Eine rechteckige Backform (24 cm x 20 cm) einfetten und mit Backpapier auslegen.

2. Zartbitterschokolade und Butter in einer großen, hitzebeständigen Schüssel über einem Wasserbad schmelzen, dann 5 Minuten abkühlen lassen.

3. Zucker, Eier und Vanillearoma in die Schokoladenmasse rühren. Mehl und Backpulver darübersieben und unterziehen. Den Teig in die vorbereitete Form füllen. Kirschen und weiße Schokoladenstücke darauf verteilen.

4. Im vorgeheizten Ofen 30 Minuten backen. Locker mit Alufolie bedecken und weitere 15–20 Minuten backen. In der Form erkalten lassen, dann in Stücke schneiden.

2

3

3

DAZU PASST
Schichten Sie klein gewürfelte Brownies mit Vanilleeiscreme in hohe Eisbecher. Träufeln Sie warme Schokolade-sauce darüber.

Toffee-Blondies

ERGIBT
9 Stück

ZUBEREITUNG
30 Minuten

BACKZEIT
40–45 Minuten

Nährwerte pro Stück	428 kcal, 22 g Fett, davon 10 g gesättigt, 33 g Zucker, 0,5 g Salz

Blondies haben fast die gleiche Textur und Form wie Brownies – statt Schokolade kommen hier Toffee und Macadamianüsse in den Teig.

ZUTATEN

125 g weiche Butter, plus etwas mehr zum Einfetten

200 g Rohrzucker

2 Eier (Größe L), leicht verquirlt

5 Tropfen Vanillearoma

250 g Mehl

2 TL Backpulver

125 g weicher Butter-Toffee, klein gewürfelt

75 g Macadamianüsse, grob gehackt

Puderzucker, zum Bestäuben

1. Den Backofen auf 180 °C vorheizen. Eine quadratische Backform (20 cm x 20 cm) einfetten und mit Backpapier auslegen.

2. Butter und Zucker in einer großen Schüssel hell und cremig rühren. Nach und nach Eier und Vanillearoma einarbeiten. Mehl und Backpulver darübersieben und alles zu einem glatten Teig rühren.

3. Toffee und Macadamianüsse unterheben. Den Teig in die vorbereitete Form füllen und glatt streichen.

4. Im vorgeheizten Ofen 40–45 Minuten backen, bis der Teig gut aufgegangen und goldbraun ist. Vollständig in der Form erkalten lassen, dann mit Puderzucker bestäuben und in Stücke schneiden.

EINFRIEREN
Diese Blondies
können bis zu
2 Monate einge-
froren werden.
2–3 Stunden bei
Zimmertempera-
tur auftauen.

Doppelschoko-Pekannuss-Blondies

 **ERGIBT**
12 Stück

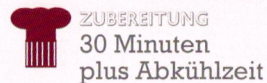 **ZUBEREITUNG**
30 Minuten
plus Abkühlzeit

 **BACKZEIT**
35–40 Minuten

Nährwerte pro Stück	346 kcal, 21 g Fett, davon 9 g gesättigt, 28 g Zucker, 0,25 g Salz

Mit weißen und dunklen Schokoladenstückchen sowie knackigen Pekannüssen sind diese Riegel einfach zum Reinbeißen.

ZUTATEN

40 g Butter, plus etwas mehr zum Einfetten

250 g weiße Schokolade, in Stücken

175 g Zartbitterschokolade

2 Eier (Größe L), verquirlt

80 g Feinstzucker

115 g Mehl

1¼ TL Backpulver

100 g Pekannusskerne, grob gehackt

1. Den Backofen auf 180 °C vorheizen. Eine quadratische Backform (20 cm x 20 cm) einfetten und mit Backpapier auslegen.

2. 80 g weiße Schokolade und Butter in einer hitzebeständigen Schüssel über einem Wasserbad unter gelegentlichem Rühren sanft schmelzen. Inzwischen die restliche weiße und die Zartbitterschokolade grob hacken.

3. Eier und Zucker in einer großen Schüssel hell und cremig rühren. Die flüssige Schokoladenmasse unterrühren. Mehl und Backpulver darübersieben. Gehackte Schokolade und Nüsse zugeben und alles zu einem glatten Teig rühren.

4. Den Teig in die vorbereitete Form füllen und glatt streichen. Im vorgeheizten Ofen 35–40 Minuten backen, bis der Teig goldbraun und in der Mitte fest ist. Vollständig in der Form erkalten lassen, dann in Stücke schneiden.

TIPP
Blondies sollten auf keinen Fall zu lange im Ofen bleiben, sonst verlieren sie ihre wunderbar weiche Textur.

Kuchen-Lollis

 ERGIBT
24 Stück

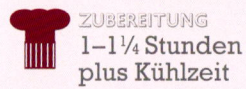 ZUBEREITUNG
1–1¼ Stunden
plus Kühlzeit

 BACKZEIT
keine

Nährwerte pro Stück	300 kcal, 16 g Fett, davon 9 g gesättigt, 28 g Zucker, 0,36 g Salz

Diese kleinen „Lollis" haben für Kinder und Erwachsene ihren ganz speziellen Reiz, was sie zu einer idealen Attraktion für eine Feier mit Gästen jeden Alters macht. Die glasierten Lollis halten sich an einem kühlen Ort mehrere Tage.

ZUTATEN

450 g einfacher Vanillerührkuchen (Fertigprodukt)
80 g Mascarpone
70 g Puderzucker
einige Tropfen Vanillearoma

Zum Dekorieren

225 g Vollmilchschokolade, grob gehackt
24 Lollistiele
150 g Fondantglasur
4 TL kaltes Wasser
Lebensmittelfarbe in Pink
24 kleine, bunte dragierte Schokoladenlinsen
pinkfarbener Dekorzucker

1. Ein Backblech mit Backpapier auslegen. Den Kuchen in eine Schüssel krümeln. Mascarpone, Puderzucker und Aroma zugeben und alles zu einer homogenen Masse verarbeiten.

2. Je 25 g Kuchenmasse zu Kugeln formen und kurz auf die Arbeitsfläche drücken, sodass die Kugel einen abgeflachten Boden bekommt. Auf das Backblech setzen und 1–2 Stunden kalt stellen, bis die Masse fest ist.

3. Die Schokolade in einer hitzebeständigen Schüssel über einem Wasserbad schmelzen. Vom Wasserbad nehmen. Die Lollistiele in den abgeflachten Boden der Kugeln stecken und diese in die Schokolade tauchen und drehen, bis sie vollständig überzogen sind. Überschüssige Schokolade zurück in die Schüssel tropfen lassen. Die Lollis in mit Zucker gefüllte Gläser stecken und an einem kühlen Ort fest werden lassen.

4. Für die Dekoration Fondantglasur und Wasser in eine Schüssel geben und mit etwas Lebensmittelfarbe hellpink einfärben. Der Fondant sollte sehr zähflüssig sein. Etwas Fondant auf die Lollis tropfen und mit einem Löffelrücken leicht verstreichen, sodass er an den Seiten etwas nach unten läuft. Bevor der Fondant fest wird, eine Schokolinse oben leicht hineindrücken und mit Dekorzucker bestreuen.

Schoko-Minz-Lollis

 ERGIBT
28 Stück

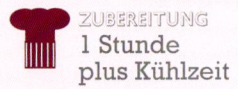 ZUBEREITUNG
1 Stunde
plus Kühlzeit

 BACKZEIT
keine

Nährwerte pro Stück	160 kcal, 9 g Fett, davon 5 g gesättigt, 18 g Zucker, Spuren von Salz

Diese Lollis herzustellen ist wirklich ein Kinderspiel! Sie werden mit Vollmilchschokolade überzogen und schmecken Großen und Kleinen gleichermaßen. Für eine eher erwachsene Variante können Sie auch nur herbe Schokolade verwenden.

ZUTATEN

300 g Zartbitterschokolade, grob gehackt

25 g weiche Butter

50 g Pfefferminzbonbons

500 g Vollmilchschokolade

50 g Minimarshmallows, grob gehackt

28 Lollistiele

Schokostreusel, zum Dekorieren

1. Ein Backblech mit Backpapier auslegen. Die Zartbitterschokolade in einer hitzebeständigen Schüssel über einem Wasserbad schmelzen. Die Butter unterrühren. Die Masse abkühlen, aber nicht fest werden lassen.

2. Die Pfefferminzbonbons in einen Plastikbeutel geben und mit einer Teigrolle zu Splittern klopfen. 150 g Vollmilchschokolade fein hacken und mit Bonbonsplittern und Marshmallows sorgfältig unter die geschmolzene Schokolade heben.

3. Sobald die Masse so fest ist, dass sie ihre Form hält, je 20 g zu Kugeln formen, auf das Backblech setzen und 30–60 Minuten kalt stellen, bis die Kugeln fest, aber nicht hart sind. Einen Lollistiel in jede Kugel stecken und weitere 10 Minuten kalt stellen.

4. Die restliche Vollmilchschokolade grob hacken, in eine hitzebeständige Schüssel geben und über einem Wasserbad schmelzen. Kurz abkühlen lassen. Die Lollis hineintauchen und darin drehen, bis sie vollständig überzogen sind. Überschüssige Schokolade zurück in die Schüssel tropfen lassen. Die Lollis in mit Zucker gefüllte Gläser oder Becher stellen. Mit Schokostreuseln bestreuen. An einem kühlen Ort fest werden lassen.

2

3

4

Marshmallow-Riegel

 ERGIBT
10 Stück

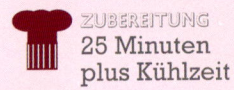 ZUBEREITUNG
25 Minuten
plus Kühlzeit

 BACKZEIT
keine

Nährwerte pro Stück	191 kcal, 7 g Fett, davon 4 g gesättigt, 17 g Zucker, 0,4 g Salz

Diese knusprigen Riegel mit Sahnetoffee und Marshmallows sind nicht nur bei Kindern heiß begehrt.

ZUTATEN

80 g Sahnetoffee
50 g Butter
2 EL heller Zuckerrübensirup
140 g Mini-Marshmallows
120 g Puffreis
2 EL bunte dragierte Schokoladenlinsen

1. Eine rechteckige Form (28 cm x 18 cm) mit Backpapier auslegen.

2. Sahnetoffee, Butter, Sirup und 120 g Marshmallows in einer großen, hitzebeständigen Schüssel über einem Wasserbad unter gelegentlichem Rühren schmelzen.

3. Die Schüssel vom Wasserbad nehmen und den Puffreis sorgfältig unterziehen. Die Masse rasch in die vorbereitete Form füllen und glatt streichen.

4. Restliche Marshmallows und Schokolinsen darauf verteilen und leicht andrücken. Im Kühlschrank etwa 2 Stunden fest werden lassen. Mit einem scharfen Messer in 10 Riegel schneiden.

ZUR ABWECHSLUNG
Sahnetoffee kann durch 120 g in Stücke gebrochene weiße oder Vollmilchschokolade ersetzt werden.

Rocky-Road-Riegel

ERGIBT
8 Stück

ZUBEREITUNG
20 Minuten
plus Kühlzeit

BACKZEIT
keine

Nährwerte pro Stück	327 kcal, 22 g Fett, davon 9 g gesättigt, 23 g Zucker, 0,23 g Salz

Marshmallows, zerkrümelte Plätzchen, Schokolade und Nüsse sind die perfekten Zutaten für diese leicht zuzubereitenden, leckeren Riegel. In einem luftdichten Behälter halten Sie sich mindestens 1 Woche.

ZUTATEN

175 g Vollmilch- oder Zartbitterschokolade

50 g Butter

100 g Butterspritzgebäck, in kleinen Stücken

80 g Minimarshmallows

80 g Walnusskerne oder Erdnüsse

1. Die Schokolade in Stücke brechen und in einer hitzebeständigen Schüssel über einem Wasserbad schmelzen. Die Butter zufügen und rühren, bis sie ebenfalls geschmolzen und die Masse glatt ist. Etwas abkühlen lassen.

2. Spritzgeback, Marshmallows und Nüsse unter die Schokoladenmasse heben.

3. Eine quadratische Backform (18 cm x 18 cm) mit Backpapier auslegen. Die Schokoladenmasse einfüllen und mit einem Löffelrücken andrücken.

4. Mindestens 2 Stunden im Kühlschrank fest werden lassen. Vorsichtig aus der Form heben, das Papier abziehen und in 8 Stücke schneiden.

ZUR
ABWECHSLUNG
Für ein fruchtiges
Aroma geben Sie
ein paar gehackte
Belegkirschen oder
getrocknete Apri-
kosen dazu.

Dattel-Pistazien-Finger

 ERGIBT
12 Stück

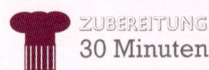 ZUBEREITUNG
30 Minuten

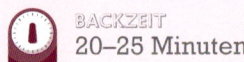 BACKZEIT
20–25 Minuten

Nährwerte pro Stück	243 kcal, 14 g Fett, davon 7 g gesättigt, 11 g Zucker, 0,2 g Salz

Eine köstliche mediterrane Mischung aus Datteln, Pistazien und Honig umhüllt von einem buttrig mürben Teig.

ZUTATEN

250 g Datteln, entsteint und gehackt

2 EL Zitronensaft

2 EL Wasser

80 g Pistazienkerne, grob gehackt

2 EL klarer Honig

Milch, zum Bestreichen

Teig

225 g Mehl, plus etwas mehr zum Bestäuben

25 g Rohrohrzucker

150 g Butter

4–5 EL kaltes Wasser

1. Datteln, Zitronensaft und Wasser in einen Topf geben und unter Rühren zum Kochen bringen. Den Topf vom Herd nehmen. Pistazien und 1 Esslöffel Honig unterrühren. Abgedeckt erkalten lassen.

2. Den Backofen auf 200 °C vorheizen. Für den Teig Mehl, Zucker und Butter in der Küchenmaschine zu feinen Krümeln verarbeiten. Gerade so viel kaltes Wasser einarbeiten, dass ein weicher, nicht klebender Teig entsteht.

3. Den Teig auf einer bemehlten Arbeitsfläche zu zwei Rechtecken (30 cm x 20 cm) ausrollen. Eine Teigplatte auf ein mit Backpapier ausgelegtes Backblech geben. Die Dattelmasse darauf verstreichen, dabei rundum einen 1 cm breiten Rand lassen. Mit der zweiten Teigplatte bedecken.

4. Die Teigränder zusammendrücken und begradigen. Mit einem Messer 12 Streifen auf dem Teigdeckel markieren. Mit Milch bestreichen. Im vorgeheizten Ofen 20–25 Minuten goldbraun backen. Mit dem restlichen Honig bestreichen und auf einem Kuchengitter auskühlen lassen, dann an den markierten Linien in Streifen schneiden.

3

4

4

TIPP
Die Teigränder sollten unbedingt gut verschlossen sein, damit beim Backen keine Füllung herausläuft.

Vanillemakronen

 **ERGIBT**
16 Stück

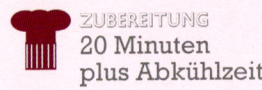 **ZUBEREITUNG**
20 Minuten
plus Abkühlzeit

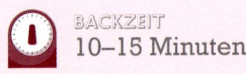 **BACKZEIT**
10–15 Minuten

Nährwerte pro Stück	125 kcal, 5,5 g Fett, davon 2 g gesättigt, 17,5 g Zucker, Spuren von Salz

Diese Makronen, eine französische Spezialität mit dem Namen „macarons", bestehen fast nur aus gemahlenen Mandeln, Zucker und Eiweiß – sie zergehen im Mund!

ZUTATEN

75 g gemahlene Mandeln
120 g Puderzucker
2 Eiweiß (Größe L)
50 g Feinstzucker
einige Tropfen Vanillearoma

Füllung

50 g weiche Butter
einige Tropfen Vanillearoma
120 g Puderzucker, gesiebt

1. Mandeln und Puderzucker im Mixer oder Blitzhacker 15 Sekunden verarbeiten. Die Masse in eine Schüssel sieben. Zwei Backbleche mit Backpapier auslegen.

2. Das Eiweiß in einer sauberen, fettfreien Schüssel halbsteif schlagen. Unter ständigem Rühren den feinen Zucker einrieseln lassen, bis die Masse glänzend ist. Das Vanillearoma einarbeiten.

3. Mit einem Teigschaber die Mandelmischung in 3 Portionen unter den Eischnee heben. Weiter durch die Masse schneiden, bis ein glänzender Teig mit dicker Konsistenz entstanden ist.

4. Den Teig in einen Spritzbeutel mit 1-cm-Lochtülle füllen und 32 kleine Kreise auf die vorbereiteten Backbleche spritzen. Die Bleche einige Male leicht auf die Arbeitsfläche schlagen, damit eventuelle Luftblasen aus der Teigmasse entweichen. Bei Zimmertemperatur 30 Minuten ruhen lassen. Den Backofen auf 160 °C vorheizen.

5. Im vorgeheizten Ofen 10–15 Minuten backen. Die Makronen 10 Minuten auf dem Blech abkühlen lassen, dann vom Backpapier abziehen und vollständig erkalten lassen.

6. Für die Füllung Butter und Vanillearoma in einer Schüssel hell und cremig rühren. Nach und nach den Puderzucker einarbeiten. Die Makronen damit zusammensetzen.

3

4

5

Karamellschnitten

 ERGIBT
16 Stück

 ZUBEREITUNG
30 Minuten
plus Kühlzeit

 BACKZEIT
15 Minuten

Nährwerte pro Stück	356 kcal, 21 g Fett, davon 12 g gesättigt, 29 g Zucker, 0,5 g Salz

Diese Schnitten werden mit einem Hauch von Meersalz verfeinert, was ihnen einen gewissen modernen Touch verleiht.

ZUTATEN

120 g weiche Butter, plus etwas mehr zum Einfetten
50 g Feinstzucker
175 g Mehl
50 g gemahlene Mandeln

Belag
175 g Butter
120 g Feinstzucker
3 EL heller Zuckerrübensirup
400 g Kondensmilch
¼ TL grobes Meersalz
80 g Zartbitterschokolade, geschmolzen

1. Den Backofen auf 180 °C vorheizen. Eine quadratische Backform (20 cm x 20 cm) einfetten.

2. Butter und Zucker in einer Schüssel hell und cremig rühren. Das Mehl darübersieben und die Mandeln zufügen. Alles rasch von Hand zu einem Teig verkneten. In die Form drücken und mehrmals mit einer Gabel einstechen. Im Ofen 15 Minuten goldgelb backen. Auskühlen lassen.

3. Für den Belag Butter, Zucker, Sirup und Kondensmilch in einem Topf sanft erhitzen, bis der Zucker sich aufgelöst hat. Die Hitze auf mittlere Stufe erhöhen und die Masse 6–8 Minuten unter ständigem Rühren köcheln lassen, bis sie stark eingedickt ist. Die Hälfte des Salzes unterrühren und die Masse rasch auf dem Teigboden verstreichen. Mit dem restlichen Salz bestreuen.

4. Die Schokolade in eine Papierspritztüte füllen und die Spitze abschneiden. Die Schokolade auf dem Karamell verspritzen und für den marmorierten Effekt ein Messer durchziehen. Erkalten lassen, dann 2 Stunden im Kühlschrank fest werden lassen. In 16 Stücke schneiden.

2

3

4

TIPP
Damit der Karamell nicht anbrennt, muss er ständig gerührt werden. Außerdem ist ein Topf mit dickem Boden von Vorteil!

Schoko-Nuss-Konfekt

 **ERGIBT**
32 Stück

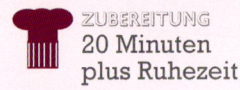 **ZUBEREITUNG**
20 Minuten
plus Ruhezeit

 **BACKZEIT**
keine

Nährwerte pro Stück	195 kcal, 9 g Fett, davon 3,5 g gesättigt, 28 g Zucker, 0,16 g Salz

Dieses wunderbare, zart schmelzende Schokoladenkonfekt ist, in kleine Würfel geschnitten, die perfekte Begleitung zu einem Espresso nach dem Essen.

ZUTATEN

2 EL Kakaopulver

300 ml Milch

125 g Zartbitterschokolade (mind. 80 % Kakaomasse), fein gehackt

800 g Feinstzucker

125 g Butter, klein gewürfelt, plus etwas mehr zum Einfetten

1 Prise Salz

7 Tropfen Vanillearoma

175 g Pekan-, Wal- oder geröstete Haselnüsse oder eine Mischung, gehackt

1. Den Kakao in einer Schale mit 2 Esslöffeln Milch verrühren. Die restliche Milch mit dem angerührten Kakao und der Schokolade in einem großen, schweren Topf bei mittlerer bis starker Hitze unter Rühren köcheln, bis die Schokolade schmilzt. Zucker, Butter und Salz zufügen. Die Hitze auf kleine Stufe reduzieren und rühren, bis die Butter geschmolzen ist und der Zucker sich vollständig aufgelöst hat.

2. Die Hitze wieder erhöhen und die Milchmischung zum Kochen bringen. Den Deckel aufsetzen und weitere 2 Minuten kochen. Dann offen ohne Rühren weiterkochen, bis auf einem Zuckerthermometer 115 °C angezeigt werden oder die Masse sich zur weichen Kugel formt, wenn eine kleine Menge davon in kaltes Wasser getropft wird.

3. Inzwischen eine quadratische Form (20 cm x 20 cm) mit Alufolie auslegen und einfetten.

4. Den Topf vom Herd nehmen, das Vanillearoma zufügen und die Masse rühren, bis sie eindickt. Die Nüsse untermischen.

5. Die Masse in die vorbereitete Form füllen und mit einem nassen Teigschaber glatt streichen. Abkühlen und mindestens 2 Stunden fest werden lassen. Das Konfekt aus der Form heben und die Alufolie abziehen. In acht 2,5 cm breite Streifen schneiden und diese wiederum in 4 Stücke teilen. Das Konfekt hält sich in einem luftdichten Behälter bis zu 1 Woche.

Kokosbaiser-Schnitten

 ERGIBT
9 Stück

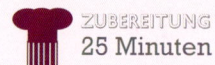 ZUBEREITUNG
25 Minuten

 BACKZEIT
35–45 Minuten

Nährwerte pro Stück	351 kcal, 18 g Fett, davon 12 g gesättigt, 28 g Zucker, 0,3 g Salz

Die Schnitten haben einen buttrigen Mürbeteigboden, der mit feiner Konfitüre bestrichen und mit einer luftigen Kokosbaiserhaube bedeckt wird.

ZUTATEN

150 g weiche Butter, plus etwas mehr zum Einfetten

70 g Feinstzucker

1 Eigelb (Größe L)

200 g Mehl

6 EL Himbeerkonfitüre ohne Kerne

Kakaopulver, zum Bestäuben (nach Belieben)

Kokosbaiser

2 Eiweiß (Größe L)

120 g Feinstzucker

40 g Kokosraspel

1. Den Backofen auf 180 °C vorheizen. Eine quadratische Backform (24 cm x 24 cm) einfetten.

2. Butter und Zucker in einer großen Schüssel hell und cremig rühren. Das Eigelb einarbeiten. Das Mehl darübersieben und alles rasch zu einem weichen Teig verarbeiten. Den Teig kurz durchkneten, dann in die vorbereitete Form drücken und mit einer Gabel mehrmals einstechen. Im vorgeheizten Ofen 20–25 Minuten goldgelb backen.

3. Für den Belag das Eiweiß in einer fettfreien Schüssel halb steif schlagen. Unter Rühren den Zucker einrieseln lassen, bis eine feste, glänzende Baisermasse entsteht. Zwei Drittel der Kokosraspel unterheben. Den Teigboden mit der Konfitüre bestreichen, dann die Baisermasse darauf verstreichen und mit den restlichen Kokosraspeln bestreuen.

4. Wieder in den Ofen geben und 15–20 Minuten backen, bis der Baiser leicht gebräunt ist. In der Form erkalten lassen. Falls verwendet, mit Kakao bestäuben und in 9 Stücke schneiden.

2

3

3

Haferflockenriegel
mit Aprikosen

 **ERGIBT**
10 Stück

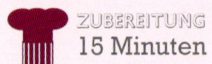 **ZUBEREITUNG**
15 Minuten

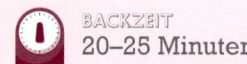 **BACKZEIT**
20–25 Minuten

Nährwerte pro Stück	296 kcal, 17 g Fett, davon 3,5 g gesättigt, 18 g Zucker, 0,3 g Salz

Diese ballaststoffreichen und sättigenden Müsliriegel mit Aprikosen, Honig und Sesam sind ideal für unterwegs. Sie lassen sich wirklich schnell und einfach selbst zubereiten und schmecken viel besser als gekaufte.

ZUTATEN

175 g Margarine, plus etwas mehr zum Einfetten

80 g Demerara-Zucker

50 g klarer Honig

140 g getrocknete Aprikosen, gehackt

2 TL Sesamsaat

225 g Haferflocken

1. Den Backofen auf 180 °C vorheizen. Eine rechteckige Backform (26 cm x 17 cm) einfetten.

2. Margarine, Zucker und Honig in einem kleinen Topf unter Rühren sanft erhitzen (nicht kochen!), bis eine glatte Masse entstanden ist. Dann Aprikosen, Sesam und Haferflocken unterrühren.

3. Die Masse in die vorbereitete Form füllen und mit einem Löffelrücken glatt streichen. Im vorgeheizten Ofen 20–25 Minuten goldbraun backen.

4. In 10 Stücke schneiden und vollständig in der Form erkalten lassen.

2

2

3

TIPP
Die Haferflockenriegel
sind noch ganz weich,
wenn sie aus dem
Ofen kommen. Erst
beim Auskühlen wer-
den sie fester.

Ingwer-Schoko-Schnitten

 ERGIBT
12 Stück

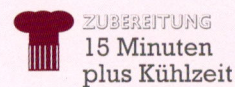 ZUBEREITUNG
15 Minuten
plus Kühlzeit

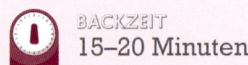 BACKZEIT
15–20 Minuten

Nährwerte pro Stück	388 kcal, 22 g Fett, davon 12 g gesättigt, 24 g Zucker, 0,3 g Salz

Würziger eingelegter Ingwer und eine vollmundige Schokoladenglasur machen diese Riegel so außergewöhnlich.

ZUTATEN

175 g Butter, plus etwas mehr zum Einfetten

120 g Rohrzucker

3 EL heller Zuckerrübensirup

1 EL Sirup aus dem Ingwerpflaumenglas

2 Stücke Ingwerpflaume, fein gehackt

350 g Haferflocken

Glasur

175 g Zartbitterschokolade, in Stücken

40 g Butter

1. Den Backofen auf 180 °C vorheizen. Eine rechteckige Backform (28 cm x 18 cm) einfetten.

2. Butter, Zucker, Zuckerrüben- und Ingwersirup in einem großen Topf sanft erhitzen, bis die Butter geschmolzen ist. Den Topf vom Herd nehmen und Ingwerpflaumen und Haferflocken unterrühren.

3. Die Masse in die vorbereitete Form füllen und glatt streichen. Im vorgeheizten Ofen 15–20 Minuten goldgelb backen. Vollständig in der Form erkalten lassen.

4. Für die Glasur Schokolade und Butter in einer hitzebeständigen Schüssel über einem Wasserbad schmelzen und glatt rühren. Auf dem Haferflockenboden verstreichen. Auskühlen lassen, dann im Kühlschrank 1 Stunde fest werden lassen. In 12 Riegel schneiden.

2

3

4

ZUR ABWECHSLUNG
Sie können die Ingwerpflaumen durch 25 g fein gehackte Aprikosen und 50 g Sultaninen ersetzen.

Einfache Müsliriegel

 **ERGIBT**
14 Stück

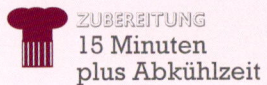 **ZUBEREITUNG**
15 Minuten
plus Abkühlzeit

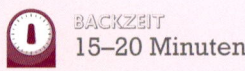 **BACKZEIT**
15–20 Minuten

Nährwerte pro Stück	147 kcal, 8 g Fett, davon 5 g gesättigt, 12 g Zucker, 0,15 g Salz

Diese einfachen Müsliriegel haben ein süßes, buttriges Aroma und sind gespickt mit saftigen Rosinen. Sie können Sie durch andere gehackte Trockenfrüchte oder durch Schokoladentröpfchen ersetzen.

ZUTATEN

120 g Butter, zerlassen, plus etwas mehr zum Einfetten

140 g Haferflocken

120 g Demerara-Zucker

80 g Rosinen

1. Den Backofen auf 190 °C vorheizen. Eine rechteckige Backform (28 cm x 18 cm) einfetten.

2. Haferflocken, Zucker, Rosinen und Butter in einer Schüssel sorgfältig vermengen. Die Masse in die vorbereitete Form füllen und mit einem Löffelrücken gut andrücken. Im vorgeheizten Ofen 15–20 Minuten goldbraun backen.

3. Mit einem scharfen Messer in 14 Riegel schneiden und 10 Minuten in der Form abkühlen lassen. Die Riegel vorsichtig aus der Form heben und auf einem Kuchengitter vollständig erkalten lassen.

GANZ GESUND
Für gesunde
Häppchen
zwischendurch
können Sie die
Müsliriegel in
kleinere Stücke
schneiden.

Chocolate-Chip-Cookies 168

Hafer-Cookies 170

Schwarz-Weiß-Plätzchen 172

Zimtzuckerplätzchen 174

Kokos-Cranberry-Cookies 176

Schoko-Minz-Plätzchen 178

Rum-Cookies 180

Riesen-Cookies 182

Apfel-Hafer-Cookies 184

Cappuccino-Taler 186

Blitz-Schoko-Cookies 188

Zimtsterne 190

Cookies mit Macadamianüssen & weißer Schokolade 192

Doppelkekse mit Marshmallows 194

Geschenkkekse 196

Toffee-Cookies 198

Ingwernüsse 200

Butterplätzchen 202

Schneekristallplätzchen 204

Biscotti 206

Schottische Shortbreads mit Schokolade 208

Nuss-Cookies 210

Erdnussplätzchen 212

Keks-Lollis 214

Plätzchen & Kekse

Chocolate-Chip-Cookies

 ERGIBT
8 Stück

 ZUBEREITUNG
10 Minuten

 BACKZEIT
10–12 Minuten

Nährwerte pro Stück	353 kcal, 19 g Fett, davon 6 g gesättigt, 27 g Zucker, 0,5 g Salz

Diese Cookies mit süßen Schokoladenstückchen sind außen knusprig und innen schön weich. Am besten schmecken sie natürlich frisch aus dem Ofen. Allerdings halten sie sich auch gut einige Tage in einem luftdicht schließenden Behälter.

ZUTATEN

zerlassene Butter, zum Einfetten
175 g Mehl, gesiebt
1 TL Backpulver
125 g Margarine, zerlassen
80 g Muskovado-Zucker
50 g Feinstzucker
einige Tropfen Vanillearoma
1 Ei, verquirlt
125 g Zartbitter-schokoladentröpfchen

1. Den Backofen auf 190 °C vorheizen. Zwei Backbleche leicht mit zerlassener Butter einfetten.

2. Alle Zutaten in eine große Schüssel geben und zu einem glatten Teig verarbeiten.

3. Acht esslöffelgroße Teigportionen mit ausreichend Abstand auf die vorbereiteten Backbleche setzen.

4. Im vorgeheizten Ofen 10–12 Minuten backen, bis die Cookies goldbraun sind. Auf einem Kuchengitter erkalten lassen.

ZUR ABWECHSLUNG
Geben Sie ein paar
grob gehackte Nüsse,
z. B. Walnüsse,
Haselnüsse oder
Mandeln, in den Teig.

Hafer-Cookies

 ERGIBT
30 Stück

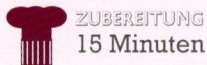 ZUBEREITUNG
15 Minuten

 BACKZEIT
15 Minuten

Nährwerte pro Stück	141 kcal, 6 g Fett, davon 3 g gesättigt, 9 g Zucker, 0,3 g Salz

Für diese schnellen und einfachen Cookies werden nur Zutaten verwendet, die in jedem Vorratsschrank zu finden sind.

ZUTATEN

175 g weiche Butter, plus etwas mehr zum Einfetten

275 g Demerara-Zucker

1 Ei, verquirlt

4 EL Wasser

5 Tropfen Vanillearoma

375 g Haferflocken

140 g Mehl

1 TL Salz

½ TL Speisenatron

1. Den Backofen auf 180 °C vorheizen. Zwei Backbleche mit Butter einfetten.

2. Butter und Zucker in einer großen Schüssel hell und cremig rühren. Ei, Wasser und Vanillearoma einarbeiten. Haferflocken, Mehl, Salz und Natron in einer zweiten Schüssel vermengen und nach und nach in die Buttermischung arbeiten, bis ein glatter Teig entstanden ist.

3. 30 esslöffelgroße Teigportionen mit ausreichend Abstand auf die vorbereiteten Backbleche setzen.

4. Im vorgeheizten Ofen 15 Minuten backen, bis die Cookies goldbraun sind. Auf einem Kuchengitter erkalten lassen.

2

2

3

TIPP
Nehmen Sie statt
eines Esslöffels
einen Eisportio-
nierer, um
gleichmäßig
große Cookies
zu erhalten.

Schwarz-Weiß-Plätzchen

 ERGIBT
20 Stück

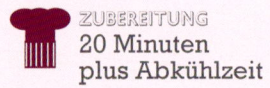 ZUBEREITUNG
20 Minuten
plus Abkühlzeit

 BACKZEIT
15 Minuten

Nährwerte pro Stück	240 kcal, 11 g Fett, davon 6,5 g gesättigt, 23 g Zucker, Spuren von Salz

Bei diesen knusprigen Vanilleplätzchen weiß man gar nicht, ob man zuerst in die helle oder dunkle Schokoladenseite beißen soll.

ZUTATEN

120 g weiche Butter, plus etwas mehr zum Einfetten

5 Tropfen Vanillearoma

175 g Feinstzucker

2 Eier, verquirlt

300 g Mehl

½ TL Backpulver

200 ml Milch

Glasur

225 g Puderzucker

125 g Schlagsahne

einige Tropfen Vanillearoma

75 g Zartbitterschokolade, in Stücken

1. Den Backofen auf 190 °C vorheizen und zwei oder drei Backbleche einfetten. Butter, Vanillearoma und Zucker in einer großen Schüssel hell und cremig rühren. Nach und nach die Eier einarbeiten.

2. Mehl und Backpulver sieben und abwechselnd mit der Milch unter die Buttermasse ziehen. Der Teig sollte zäh reißend vom Löffel fallen. Gut esslöffelgroße Teigportionen mit ausreichend Abstand auf die vorbereiteten Backbleche setzen und 15 Minuten im vorgeheizten Ofen backen, bis die Plätzchen am Rand goldbraun sind. Auf einem Kuchengitter erkalten lassen.

3. Für die Glasur den Puderzucker in einer Schüssel mit der Hälfte der Sahne und dem Vanillearoma zu einer dickflüssigen, aber streichfähigen Masse rühren. Alle Plätzchen zur Hälfte mit der Glasur bestreichen. Dann die Schokolade über einem Wasserbad schmelzen. Vom Wasserbad nehmen und die restliche Sahne unterrühren. Die andere Plätzchenhälfte mit der Schokoladenglasur bestreichen.

DAZU PASST Genießen Sie sie mit Kaffee oder Tee in der Frühstückspause.

Zimtzuckerplätzchen

 **ERGIBT** 24 Stück    **ZUBEREITUNG** 20 Minuten   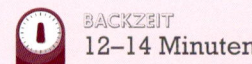 **BACKZEIT** 12–14 Minuten

Nährwerte pro Stück	102 kcal, 3,5 g Fett, davon 2 g gesättigt, 9 g Zucker, 0,2 g Salz

Diese wunderbaren Plätzchen haben eine aromatische Zimtzuckerkruste.

ZUTATEN

80 g weiche Butter
175 g Feinstzucker
1 Ei (Größe L), verquirlt
einige Tropfen Vanillearoma
250 g Mehl
1 TL Backpulver
3 EL Zucker
1 EL Zimt

1. Den Backofen auf 180 °C vorheizen. Zwei Backbleche mit Backpapier auslegen.

2. Butter und feinen Zucker in einer großen Schüssel hell und cremig rühren. Nach und nach Ei und Vanillearoma einarbeiten. Mehl und Backpulver darübersieben und sorgfältig unterziehen.

3. Zucker und Zimt in einem Teller mischen. Den Teig zu 24 etwa walnussgroße Kugeln rollen. Die Kugeln im Zimtzucker wenden und mit ausreichend Abstand auf die vorbereiteten Backbleche setzen. Mit den Fingern etwas flach drücken.

4. Im vorgeheizten Ofen 12–14 Minuten backen, bis sie goldbraun sind. Die Plätzchen 5 Minuten auf dem Blech abkühlen lassen, dann auf ein Kuchengitter heben und vollständig erkalten lassen.

ZUR
ABWECHSLUNG
Ersetzen Sie
2 Esslöffel Mehl
durch Kakao und
mischen Sie
zusätzlich 1 Tee-
löffel Instant-
kaffee unter den
Zimtzucker.

Kokos-Cranberry-Cookies

ERGIBT
30 Stück

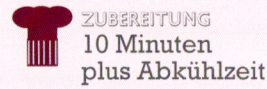
ZUBEREITUNG
10 Minuten
plus Abkühlzeit

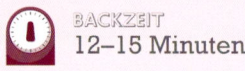
BACKZEIT
12–15 Minuten

Nährwerte pro Stück	123 kcal, 7 g Fett, davon 5 g gesättigt, 5 g Zucker, 0,2 g Salz

Süße Kokosraspel sind der perfekte Ausgleich für das leicht säuerliche Aroma der getrockneten Cranberrys.

ZUTATEN

225 g weiche Butter
140 g Feinstzucker
1 Eigelb
10 Tropfen Vanillearoma
280 g Mehl
1 Prise Salz
40 g Kokosraspel
60 g getrocknete Cranberrys

1. Den Backofen auf 190 °C vorheizen. Zwei Backbleche mit Backpapier auslegen.

2. Butter und Zucker in einer großen Schüssel hell und cremig rühren. Eigelb und Vanillearoma einarbeiten. Mehl und Salz darübersieben. Kokosraspel und Cranberrys zufügen und alles sorgfältig unter den Teig ziehen.

3. 30 etwa esslöffelgroße Teigportionen mit ausreichend Abstand auf die vorbereiteten Backbleche setzen.

4. Im vorgeheizten Ofen 12–15 Minuten backen, bis sie goldbraun sind. Die Cookies 5–10 Minuten auf den Backblechen abkühlen lassen. Dann auf ein Kuchengitter heben und vollständig erkalten lassen.

2

2

3

EINFRIEREN
Diese Cookies können bis zu 1 Monat eingefroren werden. Bei Zimmertemperatur 1–2 Stunden auftauen lassen.

Schoko-Minz-Plätzchen

 ERGIBT
15 Stück

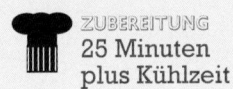 ZUBEREITUNG
25 Minuten
plus Kühlzeit

 BACKZEIT
10–15 Minuten

Nährwerte pro Stück	293 kcal, 17 g Fett, davon 10 g gesättigt, 21 g Zucker, 0,4 g Salz

Diese eleganten Schokoladenplätzchen haben einen erfrischenden Minzkern und passen perfekt zum Espresso nach dem Essen.

ZUTATEN

225 g weiche Butter
140 g Feinstzucker
1 Eigelb, leicht verquirlt
10 Tropfen Vanillearoma
250 g Mehl
25 g Kakaopulver
1 Prise Salz
50 g Belegkirschen, fein gehackt
15 Schoko-Minz-Täfelchen

Glasur

120 g Zartbitterschokolade, in Stücken
50 g weiße Schokolade, in Stücken

1. Butter und Zucker in einer großen Schüssel hell und cremig rühren. Eigelb und Vanillearoma einarbeiten. Mehl, Kakao und Salz darübersieben und die Kirschen zugeben. Alles zu einem glatten Teig verarbeiten. Den Teig halbieren, zu Kugeln formen und in Frischhaltefolie eingeschlagen 30–60 Minuten im Kühlschrank ruhen lassen.

2. Den Backofen auf 190 °C vorheizen. Zwei Backbleche mit Backpapier auslegen. Den Teig zwischen zwei Bögen Backpapier ausrollen und mit einer quadratischen Ausstechform (6 cm x 6 cm) insgesamt 30 Plätzchen ausstechen. Mit ausreichend Abstand auf die vorbereiteten Backbleche setzen und im vorgeheizten Ofen 10–15 Minuten backen. Aus dem Ofen nehmen und die Hälfte der Plätzchen sofort mit je einem Schoko-Minz-Täfelchen belegen. Mit den restlichen Plätzchen bedecken und leicht andrücken. Auf den Backblechen erkalten lassen.

3. Für die Glasur die Zartbitterschokolade in einer hitzebeständigen Schüssel über einem Wasserbad schmelzen, dann etwas abkühlen lassen. Die Plätzchen auf ein Kuchengitter setzen, mit der Schokolade überziehen und fest werden lassen. Die weiße Schokolade in einer weiteren hitzebeständigen Schüssel über einem Wasserbad schmelzen, in eine Papierspritztüte füllen und in dekorativen Linien auf die Plätzchen spritzen. Fest werden lassen.

Rum-Cookies

 ERGIBT
35 Stück

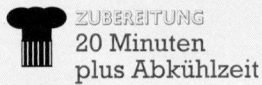 ZUBEREITUNG
20 Minuten
plus Abkühlzeit

 BACKZEIT
20–25 Minuten

Nährwerte pro Stück	112 kcal, 4 g Fett, davon 2,5 g gesättigt, 10 g Zucker, 0,1 g Salz

Diese wunderbar knusprigen Cookies sind mit Rum, Vanille und Muskatnuss verfeinert – definitiv nur etwas für Erwachsene!

ZUTATEN

150 g weiche Butter, plus etwas mehr zum Einfetten

1 Ei, verquirlt

175 g Feinstzucker

6 EL Rum

3 EL Milch

5 Tropfen Vanillearoma

2 Eigelb

280 g Mehl

1 TL Backpulver

¾ TL frisch geriebene Muskatnuss

175 g Puderzucker

1. Den Backofen auf 160 °C vorheizen. Zwei Backbleche mit Butter einfetten. Für die Rummischung Ei, 25 g Zucker, Rum und Milch schaumig rühren. Beiseitestellen.

2. Für den Teig restlichen Zucker und 140 g Butter in einer großen Schüssel hell und cremig rühren. Vanillearoma und Eigelb sorgfältig einarbeiten.

3. Mehl, Backpulver und ½ Teelöffel Muskatnuss darübersieben und 100 ml Rummischung zugeben. Alles rasch zu einem glatten Teig verarbeiten.

4. Gut esslöffelgroße Teigportionen mit ausreichend Abstand auf die vorbereiteten Backbleche setzen. Mit angefeuchteten Fingern leicht flach drücken und im vorgeheizten Ofen 20–25 Minuten backen, bis sie goldbraun sind.

5. Die Cookies 5 Minuten auf den Blechen abkühlen lassen, dann auf ein Kuchengitter heben und vollständig erkalten lassen.

6. Für die Glasur Puderzucker, restliche Butter und restliche Rummischung zu einer streichfähigen Masse rühren. Die Cookies damit bestreichen und mit der restlichen Muskatnuss bestäuben. Einige Stunden fest werden lassen.

1

4

5

Riesen-Cookies

 **ERGIBT**
12 Stück

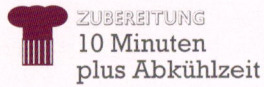 **ZUBEREITUNG**
10 Minuten
plus Abkühlzeit

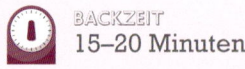 **BACKZEIT**
15–20 Minuten

Nährwerte pro Stück	376 kcal, 17 g Fett, davon 10 g gesättigt, 34 g Zucker, 0,5 g Salz

Beim Backen schmelzen die Schokoladenstückchen im Vanilleteig und sorgen so für ein wunderbares Aroma und eine weiche Textur.

ZUTATEN

120 g weiche Butter
125 g Feinstzucker
125 g Rohrzucker
2 Eier (Größe L), leicht verquirlt
5 Tropfen Vanillearoma
280 g Mehl
1 TL Speisenatron
300 g Schokolade, grob gehackt

1. Den Backofen auf 180 °C vorheizen. Zwei Backbleche mit Backpapier auslegen.

2. Butter und Zucker in einer großen Schüssel hell und cremig rühren. Eier und Vanillearoma einarbeiten. Mehl und Natron darübersieben und sorgfältig unterziehen. Die gehackte Schokolade einarbeiten.

3. Zwölf Teigportionen mit ausreichend Abstand auf die vorbereiteten Backbleche setzen.

4. Im vorgeheizten Ofen 15–20 Minuten backen, bis sie goldbraun sind. Die Cookies 2–3 Minuten auf den Blechen abkühlen lassen, dann auf ein Kuchengitter heben und vollständig erkalten lassen.

2

2

3

TIPP
Nach Ihren persönlichen Vorlieben können Sie gehackte Vollmilch- oder Zartbitterschoko-lade einbacken.

Apfel-Hafer-Cookies

ERGIBT 26 Stück

ZUBEREITUNG 20 Minuten

BACKZEIT 12–15 Minuten

Nährwerte pro Stück	160 kcal, 8 g Fett, davon 5 g gesättigt, 11 g Zucker, 0,3 g Salz

Haferflocken, knackige Apfelstückchen und süße Rosinen machen diese Cookies zu einer gesunden Zwischenmahlzeit.

ZUTATEN

225 g weiche Butter, plus etwas mehr zum Einfetten

1 großer Apfel (200 g), geschält und entkernt

1 TL Zitronensaft

100 g Rohrzucker

100 g Feinstzucker

1 Ei, verquirlt

225 g Mehl

2 TL Backpulver

150 g Haferflocken

80 g Rosinen

1. Den Backofen auf 180 °C vorheizen. Drei Backbleche mit Butter einfetten. Den Apfel klein würfeln und im Zitronensaft wenden.

2. Butter und beide Zuckersorten in einer großen Schüssel hell und cremig rühren. Das Ei einarbeiten. Mehl und Backpulver darübersieben und sorgfältig unterziehen. Haferflocken, Rosinen und Apfelwürfel untermischen.

3. Gut teelöffelgroße Teigportionen mit ausreichend Abstand auf die vorbereiteten Backbleche setzen.

4. Im vorgeheizten Ofen 12–15 Minuten backen, bis sie goldbraun sind. Die Cookies 5–10 Minuten auf den Blechen abkühlen lassen, dann auf ein Kuchengitter heben und vollständig erkalten lassen.

EINFRIEREN

Die Cookies können bis zu 2 Monate eingefroren werden. Legen
Sie sie ins Gefrierfach, bis sie
hart sind, dann erst nebeneinan-
der in Gefrierbeutel füllen.

Cappuccino-Taler

 **ERGIBT**
30 Stück

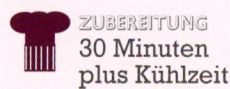 **ZUBEREITUNG**
30 Minuten
plus Kühlzeit

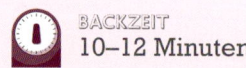 **BACKZEIT**
10–12 Minuten

Nährwerte pro Stück	143 kcal, 8 g Fett, davon 5 g gesättigt, 8 g Zucker, 0,2 g Salz

Diese knusprigen Plätzchen schmecken einfach köstlich und sind nicht nur wegen ihrer weißen Schokoladenglasur die perfekte Begleitung zu einer schönen Tasse Kaffee.

ZUTATEN

2 Beutel Instant-Cappuccino
1 EL heißes Wasser
225 g weiche Butter
140 g Feinstzucker
1 Eigelb, leicht verquirlt
280 g Mehl
1 Prise Salz

Glasur

175 g weiße Schokolade, in Stücken
Kakaopulver, zum Bestäuben

1. Das Cappuccino-Pulver in einer Schale mit dem heißen Wasser zu einer Paste rühren. Butter und Zucker in einer großen Schüssel hell und cremig rühren. Eigelb und Cappuccino-Paste einarbeiten. Mehl und Salz darübersieben und sorgfältig unterziehen. Den Teig halbieren, zu Kugeln formen und in Frischhaltefolie eingeschlagen 30–60 Minuten im Kühlschrank ruhen lassen.

2. Den Backofen auf 190 °C vorheizen. Zwei Backbleche mit Backpapier auslegen. Den Teig zwischen zwei Bögen Backpapier ausrollen. Mit einer Ausstechform (6 cm Ø) 30 Kreise ausstechen und mit ausreichend Abstand auf die vorbereiteten Backbleche legen.

3. Im vorgeheizten Ofen 10–12 Minuten backen, bis sie goldbraun sind. Die Plätzchen 5–10 Minuten auf den Blechen abkühlen lassen, dann auf ein Kuchengitter heben und vollständig erkalten lassen. Das Kuchengitter auf einen Bogen Backpapier stellen. Für die Glasur die Schokolade in einer hitzebeständigen Schüssel über einem Wasserbad schmelzen. Etwas abkühlen lassen, dann die Schokolade mit einem Löffel kreisrund auf die Plätzchen geben. Vorsichtig am Gitter rütteln, um die Schokoladenoberfläche zu ebnen. Fest werden lassen, dann leicht

1

1

2

Blitz-Schoko-Cookies

 ERGIBT
56 Stück

 ZUBEREITUNG
20 Minuten
plus Kühlzeit

 BACKZEIT
12 Minuten

Nährwerte pro Stück	44 kcal, 2 g Fett, davon 1 g gesättigt, 2 g Zucker, 0,1 g Salz

Der Teig für diese Cookies kann direkt aus dem Gefrierfach weiterverarbeitet und gebacken werden. Das ist besonders praktisch bei spontanem Besuch oder einer kleinen Heißhungerattacke.

ZUTATEN

325 g Mehl
2 EL Kakaopulver
½ TL Speisenatron
1 TL gemahlener Ingwer
½ TL Zimt
125 g dunkler Zuckerrübensirup
4 EL kochendes Wasser
120 g weiche Butter
4 EL Feinstzucker
Puderzucker, zum Bestäuben

1. Mehl, Kakao, Natron und Gewürze in eine Schüssel sieben. In einer Schale den Sirup mit dem heißen Wasser verdünnen.

2. Die Butter in einer großen Schüssel hell und cremig rühren. Den Zucker unter Rühren einrieseln lassen. Die Mehlmischung abwechselnd mit dem Sirup einarbeiten, bis ein weicher Teig entstanden ist.

3. Den Teig in zwei Portionen teilen und zu etwa 20 cm langen und 4 cm dicken Rollen formen. Sorgfältig in Frischhaltefolie einschlagen und 2 Stunden im Kühlschrank ruhen lassen. In Gefrierbeutel verpacken und bis zu 2 Monate einfrieren.

4. Zum Backen den Backofen auf 180 °C vorheizen. Abhängig davon, wie viele Plätzchen gebacken werden sollen, ein oder zwei Backbleche mit Backpapier auslegen. Den Teig auswickeln, in 5 mm dicke Scheiben schneiden und auf das/die vorbereitete(n) Backblech(e) legen. Den restlichen Teig wieder gut verpacken und ins Gefrierfach geben.

5. Im vorgeheizten Ofen 12 Minuten backen. Die Plätzchen 3 Minuten auf dem/den Blech(en) abkühlen lassen, dann auf ein Kuchengitter heben, mit Puderzucker bestäuben und vollständig erkalten lassen.

Zimtsterne

 ERGIBT
20 Stück

 ZUBEREITUNG
25 Minuten
plus Kühlzeit

 BACKZEIT
25 Minuten

Nährwerte pro Stück	116 kcal, 8 g Fett, davon 0,6 g gesättigt, 9 g Zucker, Spuren von Salz

Diese hübschen, kleinen Plätzchen aus Haselnussteig sind ein perfektes Mitbringsel in der Adventszeit.

ZUTATEN

2 Eiweiß

175 g Puderzucker, plus etwas mehr zum Bestäuben

250 g Haselnüsse, geröstet und gemahlen

1 EL Zimt

1. Das Eiweiß in einer sauberen, fettfreien Schüssel steif schlagen. Den Zucker sorgfältig unterrühren, bis die Masse dick und glänzend ist.

2. 40 g Baisermasse abnehmen und beiseitestellen. In die restliche Masse Haselnüsse und Zimt einarbeiten, bis ein sehr fester Teig entstanden ist. Etwa 1 Stunde im Kühlschrank ruhen lassen.

3. Den Backofen auf 140 °C vorheizen. Zwei Backbleche mit Backpapier auslegen. Den Teig auf einer großzügig mit Puderzucker bestäubten Arbeitsfläche 1 cm dick ausrollen.

4. Aus der Teigplatte 5 cm große Sterne ausstechen und mit ausreichend Abstand auf die vorbereiteten Backbleche legen. Die Ausstechform regelmäßig in Puderzucker tauchen, damit der Teig nicht daran kleben bleibt. Die Teigreste immer wieder zusammenkneten und neu ausrollen.

5. Die Plätzchen nun mit der beiseitegestellten Baisermasse bestreichen.

6. Im vorgeheizten Ofen 25 Minuten backen. Die Oberseite sollte knusprig und noch weiß sein, die Unterseite noch feucht. Den Ofen ausschalten und die Zimtsterne darin bei geöffneter Ofentür noch 10 Minuten trocknen lassen. Auf ein Kuchengitter heben und erkalten lassen.

2

4

5

Cookies mit Macadamianüssen & weißer Schokolade

 **ERGIBT**
16 Stück

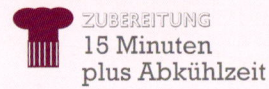 **ZUBEREITUNG**
15 Minuten
plus Abkühlzeit

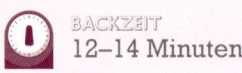 **BACKZEIT**
12–14 Minuten

Nährwerte pro Stück	165 kcal, 10 g Fett, davon 5 g gesättigt, 10 g Zucker, 0,2 g Salz

Diese tollen Cookies mit den Schoko- und Nussstücken sind einfach und auch schnell zubereitet.

ZUTATEN

120 g weiche Butter, plus etwas mehr zum Einfetten

120 g Rohrzucker

1 EL heller Zuckerrübensirup

175 g Mehl

1½ TL Backpulver

50 g Macadamianüsse, grob gehackt

50 g weiße Schokolade, grob gehackt

1. Den Backofen auf 180 °C vorheizen. Zwei Backbleche mit Butter einfetten.

2. Butter und Zucker in einer großen Schüssel hell und cremig rühren. Den Sirup einarbeiten. Mehl und Backpulver darübersieben und alles zu einem groben Teig verarbeiten.

3. Den Teig in 16 Portionen teilen, zu Kugeln formen und mit ausreichend Abstand auf die vorbereiteten Backbleche setzen. Mit den Fingern flach drücken. Nuss- und Schokoladenstückchen darauf verteilen und leicht in den Teig drücken.

4. Im vorgeheizten Ofen 12–14 Minuten backen, bis sie goldbraun sind. Die Cookies 5 Minuten auf den Blechen abkühlen lassen, dann auf ein Kuchengitter heben und vollständig erkalten lassen.

2

3

4

TIPP
Wenn der Teig beim
Backen zu stark aus-
einanderläuft, bringen
Sie die Cookies direkt
nach dem Backen
schnell mit einem Mes-
ser wieder in Form.

Doppelkekse mit Marshmallows

 **ERGIBT**
15 Stück

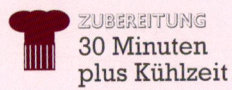 **ZUBEREITUNG**
30 Minuten
plus Kühlzeit

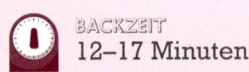 **BACKZEIT**
12–17 Minuten

Nährwerte pro Stück	371 kcal, 20 g Fett, davon 12 g gesättigt, 30 g Zucker, 0,4 g Salz

Zwischen den beiden leckeren Schokokeksen verbirgt sich eine cremig-süße Füllung aus geschmolzenen Marshmallows.

ZUTATEN

225 g weiche Butter

140 g Feinstzucker

2 TL fein abgeriebene Orangenschale

1 Eigelb, leicht verquirlt

250 g Mehl

25 g Kakaopulver

½ TL Zimt

1 Prise Salz

30 gelbe Marshmallows, waagerecht halbiert

300 g Zartbitterschokolade, in Stücken

4 EL Orangenmarmelade

15 Walnusshälften, zum Dekorieren

1. Butter, Zucker und Orangenschale in einer großen Schüssel hell und cremig rühren, dann das Eigelb einarbeiten. Mehl, Kakao, Zimt und Salz darübersieben und alles zu einem glatten Teig verarbeiten. Den Teig halbieren, zu Kugeln formen und in Frischhaltefolie eingeschlagen 30–60 Minuten im Kühlschrank ruhen lassen.

2. Den Backofen auf 190 °C vorheizen. Zwei Backbleche mit Backpapier auslegen. Den Teig zwischen zwei Lagen Backpapier ausrollen. Mit einer Ausstechform mit gewelltem Rand (6 cm Ø) 30 Kreise ausstechen und mit ausreichend Abstand auf die vorbereiteten Backbleche setzen. Im vorgeheizten Ofen 10–15 Minuten backen, dann 5 Minuten abkühlen lassen. Die Hälfte der Kekse wenden, mit je 4 halbierten Marshmallows belegen und weitere 1–2 Minuten backen. Alle Kekse auf ein Kuchengitter heben und 30 Minuten auskühlen lassen.

3. Die Schokolade in einer hitzebeständigen Schüssel über einem Wasserbad schmelzen. Ein Backblech mit Backpapier auslegen. Die Unterseite der nicht belegten Kekse mit der Marmelade bestreichen und auf die Marshmallow-Kekse setzen. Die Doppelkekse ganz in die Schokolade tauchen. Mit je einer Walnusshälfte belegen und die Glasur fest werden lassen.

Geschenkkekse

 ERGIBT
30 Stück

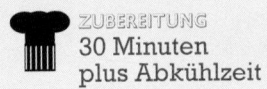 ZUBEREITUNG
30 Minuten
plus Abkühlzeit

 BACKZEIT
10–15 Minuten

Nährwerte pro Stück	140 kcal, 7 g Fett, davon 4 g gesättigt, 12 g Zucker, 0,2 g Salz

Diese Butterplätzchen mit feiner Orangennote in Ilex- und Sternform können mit Initialen versehen werden und sind so ein sehr persönliches vorweihnachtliches Mitbringsel.

ZUTATEN

225 g weiche Butter

140 g Feinstzucker

1 Eigelb, leicht verquirlt

2 TL Orangensaft oder Orangenlikör

fein abgeriebene Schale von 1 Orange

280 g Mehl

1 Prise Salz

Zum Dekorieren

1 Eiweiß

225 g Puderzucker

einige Tropfen von 2 verchiedenen Lebensmittelfarben

silberfarbene Zuckerperlen

1. Butter und Zucker in einer großen Schüssel hell und cremig rühren. Eigelb, Orangensaft und -schale einarbeiten. Mehl und Salz darübersieben und alles zu einem glatten Teig verarbeiten. Den Teig halbieren, zu Kugeln formen und in Frischhaltefolie eingeschlagen 30–60 Minuten im Kühlschrank ruhen lassen.

2. Den Backofen auf 190 °C vorheizen. Zwei Backbleche mit Backpapier auslegen. Den Teig zwischen zwei Bögen Backpapier 3 mm dick ausrollen. Insgesamt etwa 30 Sterne und Ilexblätter ausstechen und mit ausreichend Abstand auf die vorbereiteten Backbleche legen. Im vorgeheizten Ofen 10–15 Minuten backen, bis sie goldbraun sind.

3. Die Plätzchen 5–10 Minuten auf den Blechen abkühlen lassen, dann auf ein Kuchengitter heben und vollständig erkalten lassen.

4. Für die Dekoration Eiweiß und Puderzucker in einer Schüssel glatt rühren. Gegebenenfalls noch etwas Wasser einarbeiten. Die Hälfte der Masse in eine zweite Schale geben und die beiden Portionen mit zwei verschiedenen Lebensmittelfarben einfärben. In Papierspritztüten füllen und eine kleine Spitze abschneiden. Die Plätzchen mit den Initialen der Person(en) beschriften, für die sie bestimmt sind, und mit Linien verzieren. Mit Zuckerperlen dekorieren und fest werden lassen.

1

2

3

Toffee-Cookies

 **ERGIBT**
22 Stück

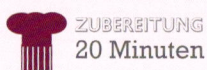 **ZUBEREITUNG**
20 Minuten

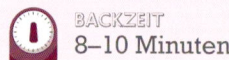 **BACKZEIT**
8–10 Minuten

Nährwerte pro Stück	118 kcal, 5,5 g Fett, davon 3 g gesättigt, 9,5 g Zucker, 0,35 g Salz

Kleine Toffeestückchen, die beim Backen zerfließen, verleihen diesen goldenen Cookies eine herrlich weiche Textur.

ZUTATEN

175 g Rohrzucker

120 g weiche Butter

1 Ei (Größe L), verquirlt

5 Tropfen Vanillearoma

200 g Mehl

1 TL Backpulver

1 TL Speisenatron

10 Sahnetoffees, in kleinen Stücken

1. Den Backofen auf 180 °C vorheizen. Zwei oder drei Backbleche mit Backpapier auslegen.

2. Zucker und Butter in einer großen Schüssel hell und cremig rühren. Ei und Vanillearoma einarbeiten. Mehl, Backpulver und Natron darübersieben und alles zu einem glatten Teig verarbeiten. Die Sahnetoffeestücke untermischen.

3. Walnussgroße Teigportionen mit ausreichend Abstand auf die vorbereiteten Backbleche setzen und flach drücken.

4. Im vorgeheizten Ofen 8–10 Minuten goldgelb backen. Auf den Blechen erkalten lassen, dann vorsichtig das Backpapier abziehen.

2

3
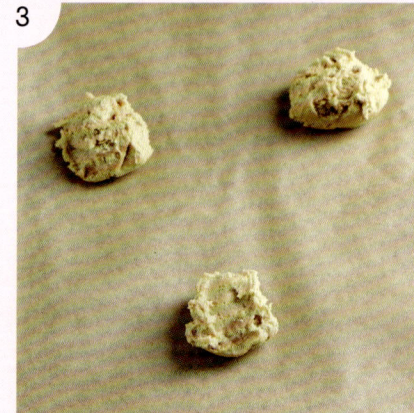

4

TIPP
Die Toffees lassen sich leichter klein schneiden, wenn Sie sie vorher 30 Minuten an einen warmen Ort stellen.

Ingwernüsse

 **ERGIBT**
30 Stück

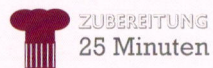 **ZUBEREITUNG**
25 Minuten

 **BACKZEIT**
15–20 Minuten

Nährwerte pro Stück	107 kcal, 4 g Fett, davon 2,5 g gesättigt, 9 g Zucker, 0,3 g Salz

Diese traditionellen britischen Plätzchen sind herrlich knusprig und haben ein wärmendes Ingweraroma – perfekt zu einer Tasse Tee.

ZUTATEN

125 g Butter, plus etwas mehr zum Einfetten

350 g Mehl

3½ TL Backpulver

1 Prise Salz

200 g Feinstzucker

1 EL gemahlener Ingwer

1 TL Speisenatron

75 g heller Zuckerrübensirup

1 Ei, verquirlt

1 TL fein abgeriebene Orangenschale

1. Den Backofen auf 160 °C vorheizen. Zwei oder drei Backbleche leicht mit Butter einfetten.

2. Mehl, Backpulver, Salz, Zucker, Ingwer und Natron in eine große Schüssel sieben.

3. Die Butter mit dem Sirup in einem Topf bei sehr kleiner Hitze zerlassen. Etwas abkühlen lassen, dann zu den trockenen Zutaten gießen.

4. Ei und Orangenschale zufügen und alles mit einem Holzlöffel zu einem glatten Teig verarbeiten. Von Hand zu 30 gleich großen Kugeln formen. Mit ausreichend Abstand auf die vorbereiteten Backbleche setzen und mit den Fingern flach drücken.

5. Im vorgeheizten Ofen 15–20 Minuten backen, bis sie goldbraun sind. Auf einem Kuchengitter erkalten lassen.

TIPP

Heben Sie die hei-
ßen Plätzchen am
besten mit einem
Pfannenwender oder
einem Palettenmes-
ser vom Blech auf
das Kuchengitter.

Butterplätzchen

 **ERGIBT**
20 Stück

 **ZUBEREITUNG**
20 Minuten
plus Kühlzeit

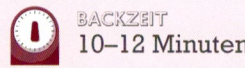 **BACKZEIT**
10–12 Minuten

Nährwerte pro Stück	90 kcal, 5 g Fett, davon 3 g gesättigt, 3 g Zucker, Spuren von Salz

Knusprig, leicht, mit einem Hauch von Zitrone und einer Kruste aus feinem Zucker – das perfekte Plätzchen!

ZUTATEN

120 g weiche Butter, plus etwas mehr zum Einfetten

50 g Feinstzucker, plus etwas mehr zum Bestreuen

1 TL fein abgeriebene Zitronenschale

1 Eigelb

175 g Mehl, plus etwas mehr zum Bestäuben

1. Butter und Zucker in einer Schüssel hell und cremig rühren. Zitronenschale und Eigelb einarbeiten. Das Mehl darübersieben und alles zu einem weichen Teig verarbeiten. Auf einer bemehlten Arbeitsfläche kurz durchkneten; gegebenenfalls noch etwas Mehl einarbeiten. Den Teig halbieren, zu Kugeln formen und in Frischhaltefolie eingeschlagen 1 Stunde im Kühlschrank ruhen lassen.

2. Den Backofen auf 180 °C vorheizen. Zwei Backbleche leicht einfetten.

3. Den Teig auf einer leicht bemehlten Arbeitsfläche 5 mm dick ausrollen. Mit Motivausstechformen (7 cm Ø) insgesamt 20 Plätzchen ausstechen und auf die vorbereiteten Backbleche legen. Mit Zucker bestreuen.

4. Im vorgeheizten Ofen 10–12 Minuten backen, bis sie goldgelb sind. Die Plätzchen 2–3 Minuten auf den Blechen abkühlen lassen, dann auf einem Kuchengitter vollständig erkalten lassen.

1

3

3

Schneekristallplätzchen

 ERGIBT
30 Stück

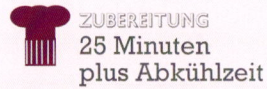 ZUBEREITUNG
25 Minuten
plus Abkühlzeit

 BACKZEIT
10 Minuten

Nährwerte pro Stück	111 kcal, 3,5 g Fett, davon 2 g gesättigt, 11 g Zucker, 0,2 g Salz

Diese prächtigen Plätzchen können bereits einige Wochen im Voraus zubereitet werden. In Präsentschachteln oder in Zellophan verpackt sind sie hübsche Mitbringsel.

ZUTATEN

100 g weiche Butter, plus etwas mehr zum Einfetten

350 g Mehl, plus etwas mehr zum Bestäuben

1 EL gemahlener Ingwer

3 TL Speisenatron

175 g brauner Zucker

1 Ei, verquirlt

4 EL heller Zuckerrübensirup

Glasur

120 g Puderzucker

2 EL Zitronensaft

1. Den Backofen auf 180 °C vorheizen. Zwei Backbleche mit Butter einfetten.

2. Mehl, Ingwer und Natron in eine Schüssel sieben. Die Butter zufügen und mit den Fingern in die trockenen Zutaten reiben, bis eine feinkrümelige Masse entstanden ist. Den Zucker untermischen.

3. In einer zweiten Schüssel Ei und Sirup mit einer Gabel aufschlagen. Zur Mehlmischung gießen und alles von Hand zu einem glatten Teig verkneten.

4. Den Teig auf einer leicht bemehlten Arbeitsfläche etwa 5 mm dick ausrollen. Sterne bzw. Schneekristalle ausstechen und auf die vorbereiteten Backbleche setzen.

5. Im vorgeheizten Ofen 10 Minuten backen, bis sie goldbraun sind. Die Plätzchen 5 Minuten auf den Blechen abkühlen lassen, dann auf ein Kuchengitter setzen und vollständig erkalten lassen.

6. Für die Glasur Puderzucker und Zitronensaft glatt rühren. In einen Papierspritzbeutel füllen und eine sehr kleine Spitze abschneiden. Feine Schneekristalllinien aufspritzen und einige Stunden fest werden lassen.

2

4

6

Biscotti

ERGIBT
30 Stück

ZUBEREITUNG
25 Minuten
plus Kühlzeit

BACKZEIT
10 Minuten

Nährwerte pro Stück	125 kcal, 8 g Fett, davon 4 g gesättigt, 5 g Zucker, 0,15 g Salz

Diese klassischen italienischen Plätzchen sind herrlich knusprig und lange haltbar. Sie passen perfekt zu einer Tasse Cappuccino.

ZUTATEN

225 g weiche Butter
140 g Feinstzucker
fein abgeriebene Schale von 1 Zitrone
1 Eigelb, leicht verquirlt
2 TL Weinbrand
280 g Mehl
1 Prise Salz
80 g Pistazienkerne
Puderzucker, zum Bestäuben

1. Butter, Zucker und Zitronenschale in einer großen Schüssel mit einem Holzlöffel glatt rühren. Eigelb und Weinbrand einarbeiten. Mehl und Salz darübersieben. Die Pistazien zufügen und alles zu einem glatten Teig verarbeiten.

2. Den Teig zu einer langen, leicht abgeflachten Rolle formen. In Frischhaltefolie einschlagen und im Kühlschrank 30–60 Minuten ruhen lassen.

3. Den Backofen auf 190 °C vorheizen. Zwei Backbleche mit Backpapier auslegen. Die Teigrolle mit einem Brotmesser leicht schräg in 5 mm dicke Scheiben schneiden und diese mit ausreichend Abstand auf die vorbereiteten Backbleche legen.

4. Im vorgeheizten Ofen 10 Minuten goldbraun backen, bis sie goldbraun sind. Die Biscotti 5–10 Minuten auf den Blechen abkühlen lassen, dann mit einem Palettenmesser auf ein Kuchengitter heben und vollständig erkalten lassen. Mit Puderzucker bestäuben.

ZUR ABWECHSLUNG
Anstelle von Zitrone und Pistazien können Sie die gleichen Mengen Orangenschale und abgezogene Mandeln verwenden.

Schottische Shortbreads mit Schokolade

ERGIBT 22 Stück

ZUBEREITUNG 25 Minuten plus Kühlzeit

BACKZEIT 15–20 Minuten

Nährwerte pro Stück	174 kcal, 10 g Fett, davon 6 g gesättigt, 8,5 g Zucker, 0,2 g Salz

In unserer Shortbread-Version wird dieses klassische schottische Gebäck durch leckere Schokostückchen verfeinert.

ZUTATEN

225 g weiche Butter, plus etwas mehr zum Einfetten

225 g Mehl

80 g Speisestärke, plus etwas mehr zum Bestäuben

120 g Vollmilch- oder Zartbitterschokolade

120 g Feinstzucker

1. Den Backofen auf 180 °C vorheizen. Zwei Backbleche mit Butter einfetten. Mehl und Speisestärke in eine Schüssel sieben. Die Schokolade in kleine Stücke hacken.

2. Butter und Zucker in einer Schüssel mit einem Holzlöffel hell und cremig rühren. Nach und nach die Mehlmischung und drei Viertel der Schokoladenstücke einarbeiten, bis ein weicher Teig entstanden ist. Den Teig halbieren, zu Kugeln formen und in Frischhaltefolie eingeschlagen 20–25 Minuten im Kühlschrank ruhen lassen.

3. Den Teig auf einer leicht mit Speisestärke bestäubten Arbeitsfläche 1 cm dick ausrollen. 22 Kreise (5 cm Ø) ausstechen. Dazu die Teigreste immer wieder zusammenkneten und neu ausrollen. Die Plätzchen auf die vorbereiteten Backbleche legen. Die restlichen Schokoladenstücke darauf verteilen und leicht andrücken. Im vorgeheizten Ofen 15–20 Minuten backen, bis sie goldbraun sind. Die Shortbreads 10 Minuten auf den Blechen abkühlen lassen, dann auf ein Kuchengitter heben und vollständig erkalten lassen.

Nuss-Cookies

ERGIBT
18 Stück

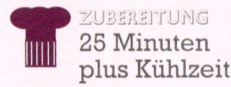
ZUBEREITUNG
25 Minuten
plus Kühlzeit

BACKZEIT
7–9 Minuten

Nährwerte pro Stück	174 kcal, 12 g Fett, davon 5 g gesättigt, 11 g Zucker, 0,1 g Salz

Diese knusprig-knackigen Cookies werden in dunkle Schokolade getaucht, was sie umso verführerischer macht.

ZUTATEN

120 g kalte Butter, gewürfelt, plus etwas mehr zum Einfetten

200 g Mehl, plus etwas mehr zum Bestäuben

½ TL Speisenatron

80 g Rohrzucker

2 EL heller Zuckerrübensirup

1 Ei, verquirlt

50 g Haselnusskerne, abgezogen und gehackt

50 g Pekannusskerne, gehackt

140 g Zartbitterschokolade, in Stücken

1. Den Backofen auf 190 °C vorheizen. Zwei Backbleche leicht mit Butter einfetten.

2. Mehl und Natron in eine große Schüssel sieben. Die Butter mit den Fingern hineinreiben, bis eine feinkrümelige Masse entstanden ist. Zucker, Sirup, Ei und zwei Drittel der Nüsse sorgfältig einarbeiten.

3. 18 esslöffelgroße Teigportionen mit ausreichend Abstand auf die vorbereiteten Backbleche setzen. Mit einem Löffelrücken leicht flach drücken und die restlichen Nüsse darauf verteilen.

4. Im vorgeheizten Ofen 7–9 Minuten backen, bis sie goldbraun sind. Die Cookies 5 Minuten auf den Blechen abkühlen lassen, dann auf ein Kuchengitter heben und vollständig erkalten lassen.

5. Die Schokolade in einer hitzebeständigen Schüssel über einem Wasserbad schmelzen. Die Cookies bis knapp zur Hälfte hineintunken und auf einem Kuchengitter fest werden lassen.

2

3

5

EINFRIEREN
Diese Cookies lassen sich mit Pergamentpapier geschichtet bis zu 2 Monate in einer Gefrierbox einfrieren. Lassen Sie sie 1–2 Stunden bei Zimmertemperatur auftauen.

Erdnussplätzchen

ERGIBT
15 Stück

ZUBEREITUNG
30 Minuten
plus Kühlzeit

BACKZEIT
15 Minuten

Nährwerte pro Stück	260 kcal, 15 g Fett, davon 6 g gesättigt, 16 g Zucker, 0,5 g Salz

Versuchen Sie diese einfachen Plätzchen mit dem feinen Erdnussaroma einmal zu einem Glas kalter Milch.

ZUTATEN

175 g Mehl
½ TL Backpulver
½ TL Salz
225 g feine Erdnussbutter
120 g weiche Butter
6 Tropfen Vanillearoma
120 g brauner Zucker
100 g Feinstzucker
2 Eier

1. Mehl, Backpulver und Salz in eine Schüssel sieben. Erdnussbutter, Butter und Vanillearoma in einer zweiten großen Schüssel glatt rühren. Beide Zuckersorten 1 Minute unterrühren, dann nacheinander die Eier. Die Mehlmischung in zwei Portionen einarbeiten.

2. Den Teig halbieren, zu Kugeln formen und in Frischhaltefolie eingeschlagen mindestens 2 Stunden im Kühlschrank ruhen lassen. Inzwischen den Backofen auf 180 °C vorheizen. Zwei Backbleche mit Backpapier auslegen.

3. Den Teig zu 4 cm großen Kugeln formen und mit ausreichend Abstand auf die vorbereiteten Backbleche setzen. Mit einer Gabel flach drücken, dabei ein Kreuzmuster eindrücken. Im vorgeheizten Ofen 15 Minuten backen, bis sie goldgelb sind. Die Plätzchen 5 Minuten auf den Blechen abkühlen lassen, dann auf ein Kuchengitter heben und vollständig erkalten lassen.

1

2

3

GUT
VORBEREITET
Der Teig hält
sich ungebacken
und sorgfältig
in Frischhaltefolie
eingeschlagen
2–3 Tage im
Kühlschrank.

Keks-Lollis

ERGIBT
24 Stück

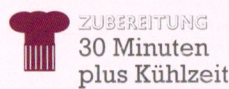
ZUBEREITUNG
30 Minuten
plus Kühlzeit

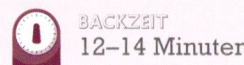
BACKZEIT
12–14 Minuten

Nährwerte pro Stück	115 kcal, 5 g Fett, davon 3 g gesättigt, 9 g Zucker, 0,2 g Salz

Diese weichen Cookies stecken auf Lollistielen und sind eine besondere Attraktion auf jedem Kindergeburtstag.

ZUTATEN

125 g weiche Butter, plus etwas mehr zum Einfetten

100 g Rohrzucker

100 g Feinstzucker

1 Ei, leicht verquirlt

2–3 Tropfen Vanillearoma

250 g Mehl

2½ TL Backpulver

1 Prise Salz

24 Lollistiele

2–3 EL kleine, bunte dragierte Schokoladenlinsen

1. Den Backofen auf 180 °C vorheizen. Zwei oder drei Backbleche mit Butter einfetten.

2. Butter und beide Zuckersorten in einer Schüssel hell und cremig rühren. Nach und nach Ei und Vanillearoma einarbeiten. Mehl, Backpulver und Salz darübersieben und alles zu einem weichen, glatten Teig verarbeiten. Den Teig halbieren, zu Kugeln formen und in Frischhaltefolie eingeschlagen 30 Minuten im Kühlschrank ruhen lassen.

3. Den Teig in 24 gleich große Portionen teilen und zu Kugeln formen. Mit ausreichend Abstand auf die vorbereiteten Backbleche setzen. Die Lollistiele leicht schräg in die Kugeln stecken. Die Kugel etwas flach drücken und mit 4–5 Schokolinsen dekorieren.

4. Im vorgeheizten Ofen 12–14 Minuten goldgelb backen. Die Lollis etwa 5 Minuten auf den Blechen abkühlen lassen, dann auf ein Kuchengitter heben und vollständig erkalten lassen.

2

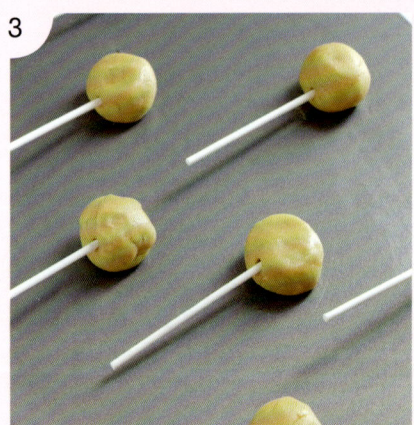

3

3

ZUR ABWECHSLUNG
Für Schokolollis 25 g
Mehl durch Kakao
und die Schokolinsen
durch weiße oder
Vollmilchschokoladen-
tröpfchen ersetzen.

Blaubeer-Käsekuchen 218

Karamell-Käsekuchen 220

Zitronen-Käsekuchen 222

New York Cheesecake 224

Kirsch-Käsekuchen 226

Karamell-Popcorn 228

Cappuccino-Soufflés 230

Früchtekuchen mit Karamellsauce 232

Schokoladenpuddings 234

Brotpudding 236

Mokka-Walnuss-Puddings 238

Bananenschichtdessert 240

Gebackene Eisbomben 242

Portweinpflaumen 244

Gebackener Gewürzpudding 246

Apfel-Brombeer-Crumble 248

Pfirsichnocken 250

Toffee-Schoko-Törtchen 252

Brownies mit Schokoladensauce 254

Tropischer Milchreis 256

Apfeltaschen 258

Zimtschnecken 260

Profiteroles 262

Bratäpfel mit Rotweinglasur 264

Desserts

Blaubeer-Käsekuchen

 FÜR
10 Personen

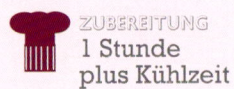 ZUBEREITUNG
1 Stunde
plus Kühlzeit

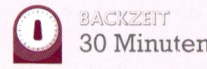 BACKZEIT
30 Minuten

Nährwerte pro Portion	550 kcal, 42 g Fett, davon 24 g gesättigt, 26 g Zucker, 0,8 g Salz

Dieser Käsekuchen hat eine wunderbar cremige Textur und ist mit einem saftigen, süßen Blaubeerkompott dekoriert.

ZUTATEN

Sonnenblumenöl, zum Einfetten
80 g Butter
200 g Vollkornbutterkekse, fein zerdrückt
400 g Frischkäse
2 Eier (Größe L)
140 g Feinstzucker
7–8 Tropfen Vanillearoma
450 g saure Sahne

Belag

50 g Feinstzucker
4 EL Wasser
250 g frische Blaubeeren
1 TL Pfeilwurzmehl

1. Den Backofen auf 190 °C vorheizen. Eine Springform (20 cm Ø) einfetten und mit Backpapier auslegen.

2. Die Butter in einem Topf bei schwacher Hitze zerlassen. Die Keks-krümel unterrühren. Die Masse auf den Boden der Form drücken.

3. Frischkäse, Eier, 100 g Zucker und 2–3 Tropfen Vanillearoma in der Küchenmaschine glatt rühren. Auf den Krümelboden gießen und glatt streichen. Auf einem Backblech im vorgeheizten Ofen 20 Minuten backen, bis die Käsemasse fest ist. Etwa 20 Minuten in der Form ab-kühlen lassen. Den Ofen nicht ausschalten.

4. Die saure Sahne mit restlichem Zucker und restlichem Vanillearoma in einer Schüssel glatt rühren und auf den Käsekuchen gießen. Den Kuchen wieder in den Ofen schieben und weitere 10 Minuten backen. In der Form erkalten lassen. Dann mit Frischhaltefolie abgedeckt 8 Stunden oder über Nacht im Kühlschrank ruhen lassen.

5. Für den Blaubeerbelag den Zucker mit 2 Esslöffeln Wasser sanft erhitzen, bis er sich aufgelöst hat. Die Blaubeeren zugeben und bei mittlerer Hitze und aufgelegtem Deckel einige Minuten dünsten, bis sie weich werden. Den Topf vom Herd nehmen. Das Pfeilwurzmehl mit dem restlichen Wasser anrühren und unter die Blaubeeren mischen. Den Topf wieder auf den Herd setzen bei kleiner Hitze garen, bis das Blaubeerkompott eindickt. Abkühlen lassen. Den Käsekuchen 1 Stunde vor dem Servieren aus der Form lösen und das Kompott darauf vertei-len. Bis zum Servieren kalt stellen.

Karamell-Käsekuchen

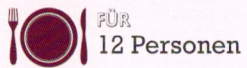 **FÜR**
12 Personen

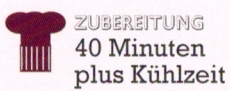 **ZUBEREITUNG**
40 Minuten
plus Kühlzeit

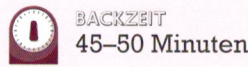 **BACKZEIT**
45–50 Minuten

Nährwerte pro Portion	515 kcal, 42 g Fett, davon 23 g gesättigt, 17 g Zucker, 0,87 g Salz

Dieser gebackene Käsekuchen hat eine Karamellglasur aus Dulce de leche und ist perfekt für einen besonderen Anlass.

ZUTATEN

80 g Butter, zerlassen, plus etwas mehr zum Einfetten

225 g Vollkornbutterkekse, fein zerdrückt

25 g Pekannüsse, fein gehackt

550 g Frischkäse

25 g Rohrzucker

100 g Feinstzucker

3 Eier (Größe L), verquirlt

5 Tropfen Vanillearoma

300 g saure Sahne

2 EL Speisestärke

Glasur

4 EL Dulce de leche

25 g Pekannüsse, gehackt

1. Den Backofen auf 160 °C vorheizen. Eine Springform (24 cm Ø) einfetten, dann Boden und Rand mit Backpapier auslegen.

2. Kekskrümel und Nüsse in einer Schüssel mischen und die Butter unterrühren. Die Masse in die vorbereitete Form drücken und im Kühlschrank fest werden lassen.

3. Inzwischen für die Käsemasse Frischkäse und beide Zuckersorten in einer großen Schüssel glatt rühren. Nach und nach Eier und Vanille-aroma einarbeiten. Dann saure Sahne und Speisestärke unterziehen. Auf den Krümelboden gießen.

4. Auf einem Backblech im vorgeheizten Ofen 45–50 Minuten backen, bis die Füllung fest ist (in der Mitte darf sie noch etwas weich sein). Den Ofen ausschalten und den Käsekuchen darin bei offener Ofentür erkalten lassen, dann 3–4 Stunden oder über Nacht im Kühlschrank ruhen lassen.

5. Den Käsekuchen aus der Form lösen und auf einen Kuchenteller setzen. Mit der Dulce de leche bestreichen und mit den Nüssen bestreuen.

2

3

5

Zitronen-Käsekuchen

 **FÜR**
8 Personen

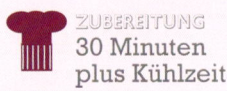 **ZUBEREITUNG**
30 Minuten
plus Kühlzeit

 **BACKZEIT**
40–45 Minuten

Nährwerte pro Portion	½ 338 kcal, 19 g Fett, davon 10 g gesättigt, 22 g Zucker, 0,55 g Salz

Mit einem würzigen Boden aus Ingwerplätzchen und einer cremigen Zitronenfüllung ist dieser Käsekuchen ein erfrischendes Sommerdessert.

ZUTATEN

50 g Butter, plus etwas mehr zum Einfetten

175 g Ingwerplätzchen, zerkrümelt

3 Zitronen

300 g Ricotta

200 g griechischer Joghurt

4 Eier, verquirlt

1 EL Speisestärke

100 g Feinstzucker

Zitronenzesten, zum Dekorieren

Puderzucker, zum Bestäuben

1. Den Backofen auf 180 °C vorheizen. Eine Springform (20 cm Ø) einfetten, dann Boden und Rand und mit Backpapier auslegen.

2. Die Butter in einem Topf zerlassen und die Kekskrümel unterrühren. Die Masse auf den Boden der vorbereiteten Form drücken und im Kühlschrank fest werden lassen.

3. Inzwischen die Schale von den Zitronen fein abreiben und den Saft auspressen. Ricotta, Joghurt, Eier, Speisestärke und Zucker zufügen und alles zu einer glatten Masse rühren.

4. Die Käsemasse auf den Krümelboden gießen und glatt streichen. Im vorgeheizten Ofen 40–45 Minuten backen, bis die Füllung fest und leicht gebräunt ist.

5. Den Käsekuchen in der Form erkalten lassen. Aus der Form lösen und auf einen Kuchenteller heben. Mit Zitronenzesten dekorieren und mit Puderzucker bestäuben.

DAZU PASST Servieren Sie diesen Kuchen mit einem Löffel Crème fraîche oder Joghurt.

New York Cheesecake

 FÜR
10 Personen

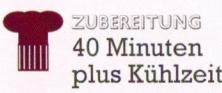 ZUBEREITUNG
40 Minuten
plus Kühlzeit

 BACKZEIT
55 Minuten

Nährwerte pro Portion	845 kcal, 73 g Fett, davon 44 g gesättigt, 29 g Zucker, 1,1 g Salz

Dieser traditionelle amerikanische Käsekuchen hat einen süßen Krümelboden und einen üppigen Frischkäsebelag mit feinen Vanille- und Zitrusaromen.

ZUTATEN

100 g Butter, plus etwas mehr zum Einfetten

150 g Vollkornbutterkekse, fein zerdrückt

1 EL Zucker

900 g Frischkäse

250 g Feinstzucker

2 EL Mehl

5 Tropfen Vanillearoma

fein abgeriebene Schale von 1 Orange

fein abgeriebene Schale von 1 Zitrone

3 Eier

2 Eigelb

300 g Schlagsahne

1. Den Backofen auf 180 °C vorheizen. Eine Springform (24 cm Ø) einfetten und mit Backpapier auslegen. Die Butter in einem kleinen Topf zerlassen. Den Topf vom Herd nehmen, Kekskrümel und Zucker unterrühren. Die Masse fest auf den Boden der Springform drücken. Im vorgeheizten Ofen 10 Minuten backen. In der Form abkühlen lassen.

2. Die Ofentemperatur auf 200 °C erhöhen. Den Frischkäse mit dem elektrischen Handrührgerät cremig rühren, dabei nach und nach Feinstzucker und Mehl einstreuen. Die Masse glatt rühren. Auf höchster Stufe Vanillearoma, Orangen- und Zitronenschalen einarbeiten. Eier und Eigelb einzeln und zuletzt die Sahne unterrühren. Die Masse sollte luftig und locker sein.

3. Die Käsemasse in die vorbereitete Form füllen und glatt streichen. Im Ofen 15 Minuten backen, dann die Temperatur auf 110 °C reduzieren und weitere 30 Minuten backen. Den Ofen ausschalten und den Kuchen darin 2 Stunden abkühlen lassen. Vor dem Servieren über Nacht im Kühlschrank ruhen lassen.

1

1

3

Kirsch-Käsekuchen

 FÜR
8 Personen

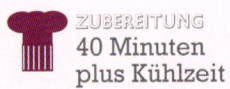 ZUBEREITUNG
40 Minuten
plus Kühlzeit

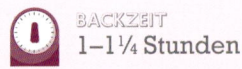 BACKZEIT
1–1¼ Stunden

Nährwerte pro Portion	554 kcal, 35 g Fett, davon 17 g gesättigt, 44 g Zucker, 0,7 g Salz

Italienischer Ricotta und griechischer Joghurt verleihen diesem Käsekuchen sein leicht säuerliches Aroma, das durch das süße Kirschkompott wunderbar ausgeglichen wird.

ZUTATEN

70 g Butter, zerlassen, plus etwas mehr zum Einfetten

175 g Butterplätzchen, fein zerdrückt

225 g Ricotta

225 g Frischkäse

140 g Feinstzucker

fein abgeriebene Schale und Saft von 1 kleiner Zitrone

3 Eier, verquirlt

300 g griechischer Joghurt

1 EL Speisestärke

Belag

350 g frische Kirschen, entsteint

50 g Feinstzucker

6 EL Wasser

1 EL Pfeilwurzmehl

1. Den Backofen auf 150 °C vorheizen. Eine Springform (20 cm Ø) einfetten und mit Backpapier auslegen.

2. Die Kekskrümel in eine Schüssel geben und die Butter unterrühren. Die Masse auf den Boden der Form drücken und in den Kühlschrank stellen, solange die Füllung zubereitet wird.

3. Ricotta, Frischkäse und Zucker in einer großen Schüssel cremig rühren. Zitronenschale und -saft unterrühren, dann nach und nach die Eier einarbeiten. Joghurt und Speisestärke unterziehen. Die Masse auf den Krümelboden gießen.

4. Auf einem Backblech im vorgeheizten Ofen 1–1¼ Stunden backen, bis die Füllung fest ist (in der Mitte darf sie noch etwas weich sein). Den Ofen ausschalten und den Kuchen darin bei geöffneter Ofentür erkalten lassen. Dann 3–4 Stunden oder über Nacht im Kühlschrank ruhen lassen.

5. Für den Kirschbelag Kirschen und Zucker mit 4 Esslöffeln Wasser sanft erhitzen, bis der Zucker sich aufgelöst hat. Dann 5 Minuten dünsten. Das Pfeilwurzmehl mit dem restlichen Wasser anrühren und unter die Kirschen mischen. Unter ständigem Rühren weitere 2–3 Minuten köcheln lassen, bis das Kompott eindickt. Abkühlen lassen.

6. Den Käsekuchen aus der Form lösen und auf einen Kuchenteller setzen. Das Kirschkompott darauf verteilen.

2

3

5

Karamell-Popcorn

 **FÜR** 4 Personen　　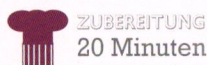 **ZUBEREITUNG** 20 Minuten　　 **BACKZEIT** 10 Minuten

Nährwerte pro Portion	484 kcal, 30 g Fett, davon 14 g gesättigt, 41 g Zucker, 0,4 g Salz

Verwandeln Sie mit Karamell und Schokolade den klassischen Kinoknabberspaß in einen ausgefallenen süßen Snack.

ZUTATEN

1 EL Sonnenblumenöl, plus etwas mehr zum Einfetten

70 g Popcornmais

80 g Butter

120 g Rohrzucker

2 EL heller Zuckerrübensirup

25 g Pekannusskerne, gehackt

50 g Vollmilchschokolade, geschmolzen

1. Den Backofen auf 160 °C vorheizen. Ein Backblech leicht einfetten.

2. Das Öl in einem großen Topf erhitzen. Die Maiskörner zufügen, den Deckel aufsetzen und bei starker Hitze unter gelegentlichem Rütteln 3–4 Minuten garen, bis alle Maiskörner aufgeplatzt sind.

3. Butter, Zucker und Sirup in einem zweiten Topf sanft erhitzen, bis die Butter zerlassen ist. Die Masse 1 Minute aufkochen. Den heißen Karamell über das noch warme Popcorn gießen. Die gehackten Nüsse zufügen und alles sorgfältig mischen.

4. Das Popcorn auf dem vorbereiteten Backblech verteilen und im vorgeheizten Ofen 10 Minuten backen. Abkühlen lassen, dann in kleinere Stücke brechen.

5. Mit der Schokolade beträufeln und fest werden lassen. In kleinen Schalen, Ramequin- oder Papierbackförmchen servieren.

GUT
VORBEREITET
Sie können dieses
Popcorn bereits am
Vortag zubereiten.
Bewahren Sie es
in einem luftdicht
schließenden Be-
hälter auf.

Cappuccino-Soufflés

 **FÜR**
6 Personen

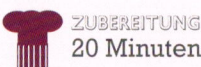 **ZUBEREITUNG**
20 Minuten

 **BACKZEIT**
15 Minuten

Nährwerte pro Portion	282 kcal, 18 g Fett, davon 10 g gesättigt, 22 g Zucker, 0,2 g Salz

Diese luftigen Soufflés mit feinen Schokoladen- und Kaffeearomen sind ganz einfach in der Zubereitung.

ZUTATEN

6 EL Schlagsahne

2 TL Instantespressopulver

2 EL Kahlúa (Kaffee-Sahne-Likör)

Butter, zum Einfetten

2 EL brauner Zucker, plus etwas mehr zum Ausstreuen

3 Eier (Größe L), getrennt

1 Eiweiß

150 g Zartbitterschokolade, geschmolzen und abgekühlt

Kakaopulver, zum Bestäuben

1. Die Sahne in einem kleinen, schweren Topf sanft erhitzen. Das Espressopulver unter Rühren darin auflösen und den Kahlúa untermischen. Die Kaffeesahne auf 6 leicht eingefettete und mit Zucker ausgestreute Souffléförmchen (à 175 ml) verteilen. Den Backofen auf 190 °C vorheizen.

2. Das Eiweiß in einer sauberen, fettfreien Schüssel halb steif schlagen. Weiterrühren, bis die Masse fest ist und dabei den Zucker einrieseln lassen. Eigelb und Schokolade in einer zweiten Schüssel verrühren. Etwas Eischnee unterrühren. Nach und nach den restlichen Eischnee unterheben.

3. Die Masse in die vorbereiteten Förmchen füllen. Die Förmchen auf ein Backblech setzen. Im vorgeheizten Ofen 15 Minuten backen. Mit Kakao bestäuben und sofort servieren.

TIPP
Damit die Souff-
lés schön aufge-
hen, sollte der
Ofen gut vorge-
heizt und die Tür
beim Backen nicht
geöffnet werden.

Früchtekuchen mit Karamellsauce

 FÜR
4 Personen

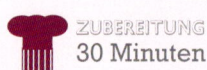 ZUBEREITUNG
30 Minuten

 BACKZEIT
35–40 Minuten

Nährwerte pro Portion	1007 kcal, 41 g Fett, davon 24 g gesättigt, 121 g Zucker, 1,8 g Salz

Für den perfekten Genuss wird zu diesem winterlichen Dessertkuchen mit Sultaninen und Datteln eine warme Karamellsauce und ein Löffel Schlagsahne gereicht.

ZUTATEN

75 g Sultaninen

150 g entsteinte Datteln, gehackt

1 TL Speisenatron

2 EL weiche Butter, plus etwas mehr zum Einfetten

200 g Rohrzucker

2 Eier, verquirlt

200 g Mehl, gesiebt

2 TL Backpulver

feine Orangenzesten, zum Dekorieren

steif geschlagene Sahne, zum Servieren (nach Belieben)

Karamellsauce

2 EL Butter

175 g Schlagsahne

200 g Rohrzucker

1. Für den Kuchen Sultaninen und Datteln mit dem Natron in eine hitzebeständige Schüssel geben. Mit kochendem Wasser bedecken und 10 Minuten quellen lassen.

2. Den Backofen auf 180 °C vorheizen. Eine Springform (20 cm Ø) einfetten und mit Backpapier auslegen.

3. Butter und Zucker in einer Schüssel cremig rühren. Nach und nach die Eier einarbeiten und das Mehl mit dem Backpulver unterziehen. Die Trockenfrüchte abtropfen lassen und unter den Teig heben. Den Teig in die vorbereitete Form füllen.

4. Im vorgeheizten Ofen 35–40 Minuten backen. Zum Test ein Holzstäbchen in die Kuchenmitte stechen; es sollte sauber wieder herauskommen.

5. Etwa 5 Minuten vor Ende der Backzeit für die Karamellsauce die Butter in einem Topf bei mittlerer Hitze zerlassen. Sahne und Zucker unterrühren. Unter ständigem Rühren zum Kochen bringen. Die Hitze reduzieren und 5 Minuten köcheln lassen.

6. Den Kuchen aus der Form lösen und mit der Sauce überziehen. Mit Orangenzesten dekorieren und warm mit Schlagsahne, falls verwendet, servieren.

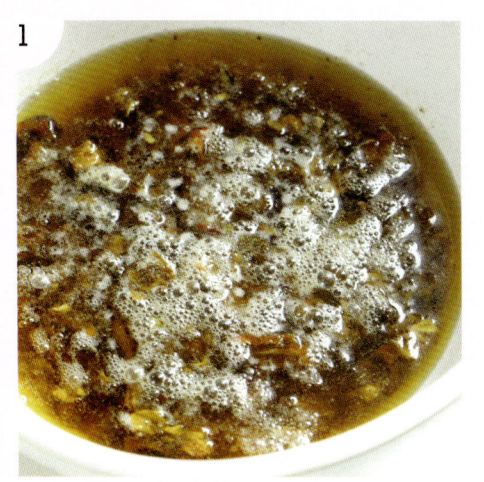

Schokoladenpuddings

	FÜR		ZUBEREITUNG		BACKZEIT
	4 Personen		20 Minuten		12–15 Minuten

Nährwerte pro Portion	502 kcal, 33 g Fett, davon 19 g gesättigt, 41 g Zucker, 0,5 g Salz

Vermutlich wird kaum einer diesen herrlichen Puddings mit dem Kern aus flüssiger Schokolade widerstehen können.

ZUTATEN

100 g Butter, plus etwas mehr zum Einfetten

100 g brauner Zucker, plus etwas mehr zum Ausstreuen

100 g Zartbitterschokolade, in Stücken

2 Eier (Größe L), verquirlt

5 Tropfen Vanillearoma

2 EL Mehl

Puderzucker, zum Bestäuben

Vanillesauce (Fertigprodukt), zum Servieren

1. Den Backofen auf 200 °C vorheizen. Vier Souffléförmchen (à 175 ml) einfetten und mit Zucker ausstreuen.

2. Butter und Schokolade in einer hitzebeständigen Schüssel über einem Wasserbad schmelzen. Glatt rühren, dann vom Wasserbad nehmen.

3. Eier, Vanillearoma, Zucker und Mehl in einer Schüssel glatt rühren. Die Schokoladenmasse unterrühren. In die vorbereiteten Förmchen füllen und diese auf ein Backblech setzen. Im vorgeheizten Ofen 12–15 Minuten backen, bis die Puddings schön aufgegangen und außen gebacken sind, aber noch einen flüssigen Kern haben.

4. Die Puddings 1 Minute in den Förmchen abkühlen lassen, dann auf Dessertteller stürzen. Mit Puderzucker bestäuben und sofort mit Vanillesauce servieren.

GUT VORBEREITET
Sie können den Teig 1–2 Stunden im Voraus zube-reiten und erst direkt vor dem Servieren backen.

Brotpudding

 FÜR
8 Personen

 ZUBEREITUNG
30 Minuten
plus Kühlzeit

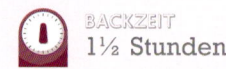 BACKZEIT
1½ Stunden

Nährwerte pro Portion	949 kcal, 34 g Fett, davon 20 g gesättigt, 114 g Zucker, 1,8 g Salz

Mit diesem reichhaltigen Pudding lassen sich Weißbrot vom Vortag und Trockenfrüchte prima verwerten.

ZUTATEN

600 ml Milch

120 g Butter, gewürfelt, plus etwas mehr zum Einfetten

1 EL Lebkuchengewürz

¼ TL gemahlene Gewürznelken

½ TL frisch geriebene Muskatnuss

18 Scheiben Weißbrot vom Vortag, in Stücken

350 g Rohrzucker, plus 2 EL zum Bestreuen

425 g gemischte Trockenfrüchte, z. B. Sultaninen, Korinthen, Datteln

4 EL fein gehackte getrocknete Aprikosen

2 Eier (Größe XL), verquirlt

fein abgeriebene Schale von ½ Zitrone

Rumsauce

140 g Puderzucker

70 g Rohrzucker

150 g weiche Butter

4 TL Milch

2 EL brauner Rum

fein abgeriebene Schale von ½ Zitrone

1. Für die Sauce den Puderzucker in eine Schüssel sieben mit dem Rohrzucker mischen. Die Butter in einer Schüssel cremig rühren. Die Zuckermischung abwechselnd mit Milch und Rum einarbeiten. Dann die Zitronenschale nur kurz unterrühren, damit die Masse nicht gerinnt. Die Sauce in eine Servierschale füllen und abgedeckt mindestens 30 Minuten kalt stellen.

2. Milch, Butter und Gewürze in einem großen Topf bei mittlerer Hitze kurz aufwallen lassen. Brot, Zucker und Trockenfrüchte untermischen, bis das Brot aufweicht. Vom Herd nehmen und 20 Minuten ziehen lassen.

3. Den Backofen auf 180 °C vorheizen. Eine Auflaufform (20 cm x 20 cm) einfetten. Die Brotmischung umrühren, damit die Früchte gleichmäßig verteilt sind. Eier und Zitronenschale einarbeiten. Die Masse in die vorbereitete Form füllen, glatt streichen und mit 2 Esslöffeln Zucker bestreuen.

4. Im vorgeheizten Ofen 1½ Stunden backen, bis sich eine schöne Kruste gebildet hat. In Stücke schneiden und sofort mit der Rumsauce servieren.

Mokka-Walnuss-Puddings

FÜR 6 Personen **ZUBEREITUNG** 35 Minuten **BACKZEIT** 30–40 Minuten

Nährwerte pro Portion	410 kcal, 27 g Fett, davon 11 g gesättigt, 18 g Zucker, 0,6 g Salz

Diese luftig-lockeren Puddings mit dem feinen Kaffeearoma schmecken mit unserer Nuss-Karamell-Sauce einfach nur köstlich.

ZUTATEN

1 EL Instantkaffeepulver
150 g Mehl
1½ TL Backpulver
1 TL Zimt
50 g weiche Butter, plus etwas mehr zum Einfetten
50 g brauner Zucker
2 Eier (Größe L), verquirlt
50 g Walnusskerne, fein gehackt

Nuss-Karamell-Sauce

25 g Walnusskerne, grob gehackt
50 g Butter
50 g brauner Zucker

1. Das Kaffeepulver in 2 Esslöffeln kochendem Wasser auflösen. Mehl, Backpulver und Zimt in eine Schüssel sieben. Butter und Zucker in einer zweiten Schüssel cremig rühren. Nach und nach die Eier einarbeiten. Falls die Masse gerinnt, etwas Mehl zufügen. Die Hälfte der Mehl-Zimt-Mischung unterziehen. Dann die restliche Mischung abwechselnd mit Kaffee und Walnüssen einarbeiten. Den Backofen auf 190 °C vorheizen.

2. Den Teig in 6 eingefettete kleine Puddingförmchen füllen. Mit eingefetteten Alufolienstücken bedecken und mit Haushaltsgummis befestigen. Die Förmchen in eine große Bratform setzen und so viel kochendes Wasser einfüllen, dass die Förmchen bis zur Hälfte im Wasser stehen. Die Bratform locker so mit Alufolie abdecken, dass zwischen Folie und Förmchen noch viel Luft ist.

3. Im vorgeheizten Ofen 30–40 Minuten backen, bis die Puddings schön aufgegangen und fest sind. Inzwischen für die Sauce alle Zutaten in einem Topf unter Rühren sanft erhitzen, bis Butter und Zucker geschmolzen sind. Die Puddings auf Dessertteller stürzen, die heiße Sauce darübergießen und sofort servieren.

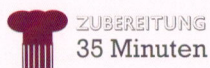

EINFRIEREN
Die Puddings
können bis zu
2 Monate einge-
froren werden.
3–4 Stunden bei
Zimmertemperatur
auftauen lassen.

Bananenschichtdessert

 FÜR
4 Personen

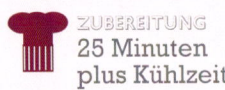 ZUBEREITUNG
25 Minuten
plus Kühlzeit

 BACKZEIT
4–5 Minuten

Nährwerte pro Portion	852 kcal, 71 g Fett, davon 44 g gesättigt, 39 g Zucker, 0,4 g Salz

Leichte Biskuits, Vanillecreme und Bananen ergeben zusammen eine fantastische Dessertspeise.

ZUTATEN

40 g weiche Butter, plus etwas mehr zum Einfetten

40 g Feinstzucker

1 Eiweiß, leicht verquirlt

40 g Mehl, gesiebt

½ TL Backpulver

450 g Schlagsahne

5 Tropfen Vanillearoma

150 g Vanillepudding (Fertigprodukt)

2 Bananen

2 TL Zitronensaft

2 EL Demerara-Zucker

1. Den Backofen auf 220 °C vorheizen. Zwei Backbleche einfetten.

2. Butter und Zucker in einer Schüssel hell und cremig rühren. Nach und nach das Eiweiß einarbeiten, dann Mehl und Backpulver unterziehen. Etwa 30 teelöffelgroße Teigportionen mit ausreichend Abstand auf die vorbereiteten Backbleche setzen.

3. Im vorgeheizten Ofen 4–5 Minuten backen, bis die Biskuits am Rand leicht gebräunt sind. Mit einem Palettenmesser vom Backblech heben und auf einem Kuchengitter vollständig erkalten lassen. Die Sahne mit dem Vanillearoma steif schlagen und den Vanillepudding unterziehen. Die Bananen in feine Scheiben schneiden und im Zitronensaft wenden.

4. Fast alle Biskuits mit Vanillecreme und Bananenscheiben in 4 große Gläser schichten. Die restlichen Biskuits zerkrümeln, mit dem Demerara-Zucker mischen und die Desserts damit bestreuen. Vor dem Servieren 1 Stunde kalt stellen.

2

3

3

Gebackene Eisbomben

 FÜR
4 Personen

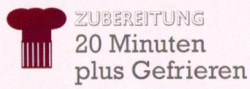 ZUBEREITUNG
20 Minuten
plus Gefrieren

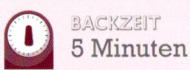 BACKZEIT
5 Minuten

Nährwerte pro Portion	634 kcal, 23 g Fett, davon 7 g gesättigt, 82 g Zucker, 0,7 g Salz

Dieses spektakuläre heiß-kalte Dessert ist erstaunlich einfach in der Zubereitung und braucht auch nur ein paar Minuten im Ofen.

ZUTATEN

4 EL Sultaninen oder Korinthen

3 EL brauner Rum oder Ingwerwein

4 quadratische Scheiben Honigkuchen

4 Kugeln Vanille- oder Malagaeiscreme

3 Eiweiß

175 g Zucker

1. Den Backofen auf 230 °C vorheizen. Sultaninen und Rum in eine Schale geben.

2. Die Honigkuchenscheiben mit ausreichend Abstand auf ein Backblech legen und je 1 Esslöffel Rumrosinen darauf verteilen.

3. Je 1 Kugel Eiscreme in die Mitte daraufsetzen und ins Gefrierfach geben.

4. Inzwischen das Eiweiß in einer sauberen, fettfreien Schüssel halb steif schlagen. Unter Rühren esslöffelweise den Zucker zufügen, bis die Masse steif und glänzend ist.

5. Die Kuchenscheiben aus dem Gefrierfach nehmen und vollständig mit der Baisermasse einhüllen.

6. Im vorgeheizten Ofen etwa 5 Minuten backen, bis die Baisermasse zu bräunen beginnt. Sofort servieren.

2

3

4

Portweinpflaumen

FÜR
4 Personen

ZUBEREITUNG
25 Minuten
plus Abkühlzeit

BACKZEIT
30–40 Minuten

Nährwerte pro Portion	161 kcal, 0 g Fett, davon 0 g gesättigt, 26 g Zucker, Spuren von Salz

Saftig-fruchtige frische Pflaumen, die in einem süßen, fein gewürzten Portweinsirup gegart werden – einfach kann so lecker sein!

ZUTATEN

8 große Pflaumen
1 Zimtstange
2 Streifen Orangenschale
25 g Rohrzucker
2 EL klarer Honig
200 ml Portwein
Vanilleeiscreme oder griechischer Joghurt, zum Servieren (nach Belieben)

1. Den Backofen auf 180 °C vorheizen. Die Pflaumen halbieren und entsteinen.

2. Die Pflaumenhälften mit der Schnittseite nach oben in eine Auflaufform legen. Zimtstange und Orangenschale zufügen. Mit dem Zucker bestreuen. Den Honig im Portwein auflösen und über die Pflaumen gießen.

3. Im vorgeheizten Ofen 30–40 Minuten backen, bis die Pflaumen weich sind. 5 Minuten abkühlen lassen, dann den Sud in einen kleinen Topf abgießen.

4. Den Sud zum Kochen bringen und 5–10 Minuten auf etwa zwei Drittel zu einem Sirup einköcheln lassen. Die Pflaumen mit dem Sirup übergießen. Warm oder kalt mit Eiscreme oder Joghurt, falls verwendet, servieren.

1

2

2

Gebackener Gewürzpudding

FÜR
6 Personen

ZUBEREITUNG
35 Minuten

BACKZEIT
1¾–2 Stunden

Nährwerte pro Portion	213 kcal, 10 g Fett, davon 5 g gesättigt, 16,5 g Zucker, 0,5 g Salz

Dieser im Wasserbad gegarte Pudding wird mit Polenta zubereitet und mit wärmenden Gewürzen verfeinert.

ZUTATEN

30 g Butter, gewürfelt, plus etwas mehr zum Einfetten

2 EL Sultaninen

5 EL Polenta

350 ml Milch

4 EL dunkler Zuckerrübensirup

2 EL brauner Zucker

½ TL Salz

2 TL gemahlener Ingwer

¼ TL Zimt

¼ TL frisch geriebene Muskatnuss

2 Eier, verquirlt

Vanilleeiscreme, zum Servieren

1. Den Backofen auf 150 °C vorheizen. Eine Auflaufform (900 ml Inhalt) großzügig einfetten. Die Sultaninen mit 1 Esslöffel Polenta in ein Haarsieb geben und vermengen. Überschüssige Polenta wegwerfen.

2. Milch und Sirup in einem Topf bei mittlerer bis starker Hitze rühren, bis sich der Sirup aufgelöst hat. Zucker und Salz zufügen und weiterrühren, bis der Zucker sich aufgelöst hat. Die restliche Polenta einstreuen und unter ständigem Rühren zum Kochen bringen. Die Hitze reduzieren und 3–5 Minuten köcheln lassen, bis der Brei eingedickt ist. Den Topf vom Herd nehmen. Butter, Ingwer, Zimt und Muskat zufügen und rühren, bis die Butter zerlassen ist. Die Eier zugeben und einarbeiten, dann die Sultaninen unterheben. Die Masse in die vorbereitete Form füllen.

3. Die Form in die Fettpfanne des Backofens setzen und bis auf halbe Höhe der Form mit kochendem Wasser auffüllen. 1¾–2 Stunden backen, bis der Pudding fest ist und ein in die Mitte gestochenes Holzstäbchen sauber wieder herauskommt. Mit Eiscreme servieren.

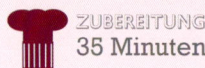
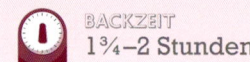

DAZU PASST
Servieren Sie statt Eiscreme auch einmal mit Honig gesüßten Naturjoghurt dazu.

Apfel-Brombeer-Crumble

🍴 **FÜR** 4 Personen 👨‍🍳 **ZUBEREITUNG** 30 Minuten ⏱ **BACKZEIT** 40–45 Minuten

Nährwerte pro Portion	554 kcal, 25 g Fett, 16 g davon gesättigt, 49 g Zucker, 0,2 g Salz

Feinsäuerliche Äpfel und Brombeeren mit süßer, knuspriger Streuselhaube ergeben ein perfektes wärmendes Winterdessert.

ZUTATEN

900 g Kochäpfel

300 g frische oder gefrorene Brombeeren

50 g Muskovado-Zucker

1 TL Zimt

Vanillepudding oder -sauce, zum Servieren (nach Belieben)

Streusel

85 g Mehl (Type 405)

1 TL Backpulver

85 g Weizenvollkornmehl

120 g Butter, gewürfelt

50 g Demerara-Zucker

1. Den Backofen auf 200 °C vorheizen. Die Äpfel schälen und entkernen, dann würfeln. In einer Schüssel mit Brombeeren, Zucker und Zimt mischen. Die Mischung in eine Auflaufform (1 l Inhalt) füllen.

2. Für die Streusel Mehl und Backpulver in eine Schüssel sieben und mit dem Vollkornmehl mischen. Die Butter mit den Fingern hineinreiben, bis eine krümelige Masse entstanden ist. Den Zucker untermischen.

3. Die Streusel auf der Obstmischung verteilen und den Crumble im vorgeheizten Ofen 40–45 Minuten backen, bis die Äpfel weich sind und die Streuselhaube goldbraun und knusprig ist. Mit Vanillepudding oder -sauce, falls verwendet, servieren.

1

2

3

GUT VORBEREITET
Bereiten Sie die doppelte Menge Streusel vor und gefrieren Sie sie für eine andere Gelegenheit ein.

Pfirsichnocken

 FÜR
6 Personen

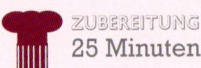 ZUBEREITUNG
25 Minuten

 BACKZEIT
35 Minuten

Nährwerte pro Portion	390 kcal, 14 g Fett, davon 8 g gesättigt, 38 g Zucker, 0,9 g Salz

Luftig leichte Teignocken werden auf einem fruchtigen Pfirsichkompott gebacken und am besten warm serviert.

ZUTATEN

6 Pfirsiche, gehäutet und entsteint
4 EL Feinstzucker
½ EL Zitronensaft
1½ TL Speisestärke
einige Tropfen Vanille- oder Bittermandelaroma
Vanilleeiscreme, zum Servieren

Nocken

120 g Feinstzucker
180 g Mehl
1½ TL Backpulver
½ TL Salz
80 g Butter, gewürfelt
1 Ei
6 EL Milch

1. Den Backofen auf 220 °C vorheizen. Die Pfirsiche in Spalten schneiden und in eine Auflaufform (24 cm x 24 cm) geben. Zucker, Zitronensaft, Speisestärke und Aroma zufügen und alles vermengen. Im vorgeheizten Ofen 20 Minuten backen.

2. Inzwischen die Nocken vorbereiten. 2 Esslöffel Zucker abnehmen und beiseitestellen. Mehl und Backpulver in eine Schüssel sieben und mit restlichem Zucker und Salz vermengen. Die Butter mit den Fingern hineinreiben, bis eine krümelige Masse entstanden ist. Ei und 5 Esslöffel Milch verquirlen und mit den Streuseln zu einem weichen Teig verarbeiten. Wenn der Teig zu trocken ist, den letzten Esslöffel Milch unterrühren.

3. Die Ofentemperatur auf 200 °C reduzieren. Die Form aus dem Ofen nehmen und den Teig in Nocken auf die Pfirsiche setzen. Mit dem beiseitegestellen Zucker bestreuen und im Ofen weitere 15 Minuten backen, bis die Nocken goldbraun und fest sind. Warm oder kalt mit Eiscreme servieren.

ZUR ABWECHSLUNG Die Pfirsiche durch Aprikosen oder Pflaumen ersetzen.

Toffee-Schoko-Törtchen

FÜR
6 Personen

ZUBEREITUNG
30 Minuten
plus Kühlzeit

BACKZEIT
20–25 Minuten

Nährwerte pro Portion	707 kcal, 52 g Fett, davon 29 g gesättigt, 30 g Zucker, 0,6 g Salz

Knusprige Blätterteigpastetchen mit einer cremigen Schokoladen- und Toffeefüllung.

ZUTATEN

375 g Blätterteig, Tiefkühlware aufgetaut

140 g Zartbitterschokolade, in Stücken

300 g Schlagsahne

50 g Feinstzucker

4 Eigelb

4 EL Karamellsauce (Fertigprodukt)

steif geschlagene Sahne, zum Servieren

Kakaopulver, zum Bestäuben

1. Die Böden einer 12er-Muffinform mit passenden Backpapierkreisen auslegen. Vom Blätterteig 12 Kreise (5 cm Ø) ausstechen. Den restlichen Teig in 12 Streifen schneiden. Die Streifen ausrollen und den Rand der Vertiefungen damit auslegen. Je 1 Teigkreis in die Vertiefungen geben und die Kanten zusammendrücken, damit dichte Teighüllen entstehen. Die Böden mit einer Gabel einstechen und im Kühlschrank 30 Minuten ruhen lassen.

2. Inzwischen den Backofen auf 200 °C vorheizen. Die Schokolade in einer hitzebeständigen Schüssel über einem Wasserbad schmelzen. Etwas abkühlen lassen, dann die Schlagsahne unterrühren.

3. Zucker und Eigelb in einer Schüssel verquirlen, dann die Schokoladenmasse einrühren. Je 1 Teelöffel Karamellsauce auf die Teigböden geben und mit der Schokoladencreme auffüllen. Im vorgeheizten Ofen 20–25 Minuten backen, bis die Blätterteigböden goldgelb sind. Dabei die Form nach der Hälfte der Backzeit drehen. Die Törtchen in der Form abkühlen lassen, dann vorsichtig herauslösen. Mit Schlagsahne dekorieren und mit Kakao bestäuben.

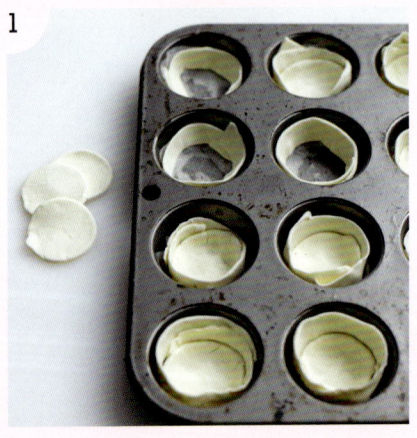

1

2

3

252 Desserts

TIPP

Damit die Blät-
terteigböden schön
durchbacken,
geben Sie die
Muffinform auf
einem vorgeheizten
Backblech in den
Ofen.

Brownies mit Schokoladensauce

 **FÜR**
6 Personen

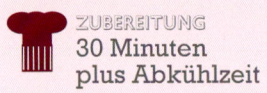 **ZUBEREITUNG**
30 Minuten
plus Abkühlzeit

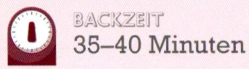 **BACKZEIT**
35–40 Minuten

Nährwerte pro Portion	870 kcal, 55 g Fett, davon 32 g gesättigt, 72 g Zucker, 0,9 g Salz

Dieses großartige Dessert ist ideal für eine größere Personenzahl. Die Brownies müssen nur noch in Stücke geschnitten werden, überlassen Sie es dann Ihren Gäste, die Schnitten mit Eis, Schokoladensauce, Nüssen und Kirschen zu dekorieren.

ZUTATEN

175 g Butter, plus etwas mehr zum Einfetten

175 g Zartbitterschokolade, in Stücken

175 g Rohrzucker

3 Eier, verquirlt

115 g Mehl

1 TL Backpulver

Schokoladensauce

50 g Zartbitterschokolade, in Stücken

50 g Rohrzucker

50 g Butter

3 EL Milch

Zum Servieren

6 große Kugeln Vanilleeiscreme

1 EL gehackte Walnusskerne

6 frische oder Maraschinokirschen

1. Den Backofen auf 180 °C vorheizen. Eine quadratische Backform (20 cm x 20 cm) einfetten und mit Backpapier auslegen.

2. Schokolade und Butter in einer großen, hitzebeständigen Schüssel über einem Wasserbad schmelzen. Etwa 5 Minuten abkühlen lassen, dann Zucker und Eier mit einem Schneebesen unterrühren. Mehl und Backpulver darübersieben und unterziehen. Den Teig in die vorbereitete Form füllen und im vorgeheizten Ofen 35–40 Minuten backen, bis er gut aufgegangen ist. Den Brownieboden 15 Minuten abkühlen lassen, dann aus der Form lösen und auf einem Kuchengitter vollständig erkalten lassen.

3. Für die Sauce alle Zutaten in einem Topf sanft erhitzen, bis sie geschmolzen sind. Die Sauce zum Kochen bringen und 1 Minute köcheln. Vom Herd nehmen und abkühlen lassen.

4. Zum Servieren den Brownieboden in 6 Stücke schneiden und die Brownies auf Dessertteller geben. Eine große Eiskugel daraufsetzen. Mit warmer Schokoladensauce beträufeln und mit Nüssen und Kirschen dekorieren.

Tropischer Milchreis

FÜR	ZUBEREITUNG	BACKZEIT
4 Personen	10 Minuten	1½–2 Stunden

Nährwerte pro Portion	370 kcal, 17 g Fett, davon 14 g gesättigt, 33 g Zucker, 0,14 g Salz

Der traditionelle Milchreis erhält durch exotische Früchte und Kokosmilch einen völlig neuen Auftritt.

ZUTATEN

Butter, zum Einfetten

50 g Milchreis

140 g getrocknete tropische Früchte, z. B. Mango, Papaya und Ananas, klein gewürfelt

2 EL Feinstzucker

300 ml Kokosmilch

300 ml Milch

Mangoscheiben, frisch oder aus der Dose, zum Servieren

Limettenzesten, zum Dekorieren

1. Den Backofen auf 150 °C vorheizen. Eine flache Auflaufform (1,2 l Inhalt) einfetten.

2. Reis, Trockenfrüchte und Zucker in die Form geben. Kokosmilch und Milch zugießen und alles sorgfältig mischen.

3. Die Auflaufform auf einem Backblech in den vorgeheizten Ofen schieben und 1½–2 Stunden unter 2- bis 3-maligem Rühren garen, bis der Reis weich ist und fast die ganze Milch absorbiert hat.

4. Den Milchreis in Dessertschalen mit Mangoscheiben anrichten und mit Limettenzesten dekorieren. Warm oder kalt servieren.

2

3

4

ZUR ABWECHSLUNG
Lösen Sie Kerne und Fruchtmark von zwei Passionsfrüchten aus und rühren Sie beides unter den noch heißen Milchreis.

Apfeltaschen

 ERGIBT
8 Stück

 ZUBEREITUNG
40 Minuten

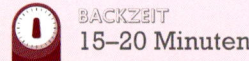 BACKZEIT
15–20 Minuten

Nährwerte pro Stück	326 kcal, 24 g Fett, davon 14 g gesättigt, 14 g Zucker, 0,3 g Salz

Diese süßen Gebäckstücke sind schnell zubereitet und eine tolle Art, ein paar nicht mehr ganz so frische Äpfel zu verwerten.

ZUTATEN

250 g Blätterteig, Tiefkühlware aufgetaut

Mehl, zum Bestäuben

Milch, zum Bestreichen

Füllung

450 g Kochäpfel, geschält, entkernt und klein gewürfelt

fein abgeriebene Schale von 1 Zitrone (nach Belieben)

1 Prise gemahlene Gewürznelke (nach Belieben)

3 EL Zucker

Orangenzucker

1 EL Zucker, zum Bestreuen

fein abgeriebene Schale von 1 Orange

Orangensahne

250 g Schlagsahne

fein abgeriebene Schale von 1 Orange und Saft von ½ Orange

Puderzucker, zum Abschmecken

1. Für die Füllung Äpfel, Zitronenschale und Nelken, falls verwendet, mischen. (Den Zucker später zugeben, da das Obst sonst Wasser zieht.) Für den Orangenzucker Zucker und Orangenschale mischen.

2. Den Backofen auf 220 °C vorheizen. Den Blätterteig auf einer bemehlten Arbeitsfläche zu einem 60 cm x 30 cm großen Rechteck ausrollen. Die Teigplatte längs halbieren, dann quer in 4 Quadrate (15 cm x 15 cm) schneiden.

3. Den Zucker unter die Äpfel mischen. Die Teigquadrate dünn mit Milch bestreichen und etwas Apfelfüllung in die Mitte geben. Die Teigquadrate diagonal zu Dreiecken falten und am Rand fest zusammendrücken. Auf ein Backblech legen. Mit Milch bestreichen und mit dem Orangenzucker bestreuen. Im vorgeheizten Ofen 15–20 Minuten backen, bis die Apfeltaschen goldgelb sind. Auf einem Kuchengitter abkühlen lassen.

4. Für die Orangensahne die Sahne mit Orangenschale und -saft steif schlagen. Nach Belieben mit etwas Puderzucker süßen. Die Apfeltaschen lauwarm mit der Orangensahne servieren.

Zimtschnecken

 ERGIBT
12 Stück

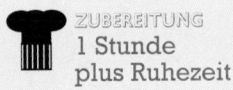 ZUBEREITUNG
1 Stunde
plus Ruhezeit

 BACKZEIT
20–30 Minuten

Nährwerte pro Stück	170 kcal, 8 g Fett, 5 g davon gesättigt, 9 g Zucker, 0,3 g Salz

Dieses köstliche Hefegebäck schmeckt am besten lauwarm bei einem gemütlichen Wochenendfrühstück.

ZUTATEN

2 EL Butter, klein gewürfelt, plus etwas mehr zum Einfetten
225 g Mehl (Type 550)
½ TL Salz
½ Tütchen Trockenhefe
1 Ei, leicht verquirlt
125 ml lauwarme Milch
2 EL Ahornsirup, zum Glasieren

Füllung

4 EL weiche Butter
2 TL Zimt
50 g Rohrzucker
50 g Korinthen

1. Ein Backblech leicht mit Butter einfetten.

2. Mehl und Salz in eine Schüssel sieben und die Hefe untermischen. Die Butterwürfel mit den Fingern hineinreiben. Ei und Milch dazugeben und alles zu einem glatten Teig kneten.

3. Den Teig zu einer Kugel formen und abgedeckt in einer eingefetteten Schüssel an einem warmen Ort etwa 40 Minuten gehen lassen, bis sich das Teigvolumen verdoppelt hat. Den Teig nochmals 1 Minute durchkneten, dann zu einem 30 cm x 23 cm großen Rechteck ausrollen.

4. Für die Füllung Butter, Zimt und Zucker glatt und cremig rühren. Den Teig mit der Buttermischung bestreichen, dabei rundum einen 2,5 cm breiten Rand lassen. Die Korinthen gleichmäßig darauf verteilen.

5. Den Teig von einer Längsseite her aufrollen und die Kante gut andrücken. Die Teigrolle in 12 Stücke schneiden und mit einer Schnittseite auf das vorbereitete Backblech legen. Abgedeckt weitere 30 Minuten gehen lassen.

6. Inzwischen den Backofen auf 190 °C vorheizen. Die Zimtschnecken im vorgeheizten Ofen 20–25 Minuten backen, bis sie gut aufgegangen und goldbraun sind. Die noch heißen Zimtschnecken mit dem Ahornsirup bestreichen und lauwarm servieren.

2

3

4

Profiteroles

 FÜR
4 Personen

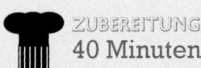 ZUBEREITUNG
40 Minuten

 BACKZEIT
25 Minuten

Nährwerte pro Portion	948 kcal, 77 g Fett, davon 46 g gesättigt, 32 g Zucker, 0,2 g Salz

Dieses klassische französische Dessert aus kleinen mit Vanillesahne gefüllten Windbeuteln und heißer Schokoladensauce verfehlt nie seine Wirkung.

ZUTATEN

Brandteig
70 g Butter, plus etwas mehr zum Einfetten
200 ml Wasser
100 g Mehl
3 Eier, verquirlt

Vanillesahnefüllung
300 g Schlagsahne
3 EL Feinstzucker
5 Tropfen Vanillearoma

Schokoladensauce
125 g Zartbitterschokolade, in kleinen Stücken
35 g Butter
6 EL Wasser
2 EL Weinbrand

1. Den Backofen auf 200 °C vorheizen. Ein Backblech einfetten.

2. Für den Brandteig Butter und Wasser in einen großen Topf geben und zum Kochen bringen. Inzwischen das Mehl in eine Schüssel geben. Den Herd ausschalten. Das Mehl auf einmal in den Topf geben und rühren, bis die Masse glatt ist und sich von Topfrand löst. Etwa 5 Minuten abkühlen lassen. Die Eier nach und nach kräftig einarbeiten, bis ein weicher Teig entstanden ist.

3. Den Teig in einen Spritzbeutel mit 1-cm-Lochtülle füllen und Bällchen auf das vorbereitete Backblech spritzen. Im vorgeheizten Ofen 25 Minuten backen. Die Windbeutel einstechen, damit der Dampf entweichen kann.

4. Für die Füllung die Sahne mit Zucker und Vanillearoma steif schlagen. Die Windbeutel durchschneiden und mit der Vanillesahne wieder zusammensetzen.

5. Für die Sauce Schokolade und Butter mit dem Wasser in einem kleinen Topf unter Rühren sanft erhitzen, bis sie geschmolzen sind. Den Weinbrand unterrühren.

6. Die Windbeutel in Desserschalen anrichten, mit der Sauce überziehen und sofort servieren.

2

3

4

Bratäpfel mit Rotweinglasur

🍽 FÜR
4 Personen

👨‍🍳 ZUBEREITUNG
20 Minuten

⏲ BACKZEIT
40–45 Minuten

Nährwerte pro Portion	230 kcal, 3 g Fett, davon 0,5 g gesättigt, 34 g Zucker, Spuren von Salz

Bratäpfel einmal anders, nämlich mit fruchtiger Füllung und süßer Rotweinglasur.

ZUTATEN

4 Kochäpfel
1 EL Zitronensaft
50 g Blaubeeren
50 g Rosinen
25 g gemischte Nüsse, geröstet und gehackt
½ TL Zimt
2 EL brauner Zucker
275 ml Rotwein
2 TL Speisestärke
4 TL Wasser
Schlagsahne, zum Servieren (nach Belieben)

1. Den Backofen auf 200 °C vorheizen. Die Schale der Äpfel in der Mitte rundum mit einem scharfen Messer einritzen. Die Äpfel mit einem Apfelausstecher entkernen und innen mit dem Zitronensaft bestreichen, damit sie sich nicht braun färben. In eine Bratform setzen.

2. Blaubeeren, Rosinen, Nüsse, Zimt und Zucker in einer Schüssel mischen. Die Äpfel damit füllen und mit dem Wein übergießen.

3. Die gefüllten Äpfel im vorgeheizten Ofen 40–45 Minuten backen, bis sie weich sind. Die Äpfel aus der Form nehmen und warm halten.

4. Die Speisestärke mit dem Wasser anrühren und in den Bratapfelsaft in der Backform rühren. Auf dem Herd bei mittlerer Hitze rühren, bis die Sauce eingedickt ist. Über die Äpfel gießen und nach Belieben mit Schlagsahne servieren.

1

2

2

ZUR ABWECHSLUNG

Ersetzen Sie den Rotwein durch Holunderblütenwein oder verdünnten -likör.

Kürbis-Pie 268

Apfel-Pie 270

Kleine Schokocreme-Pies 272

Bananencreme-Pie 274

Kirsch-Pie 276

Zitronen-Baiser-Pie 278

Sommerliche Mini-Beeren-Pies 280

Pfirsich-Pie mit Streuseln 282

Mini-Apfel-Pies 284

Key Lime Pie 286

Pekannuss-Pie 288

Bananen-Toffee-Pie 290

Erdnuss-Schoko-Pie 292

Kokos-Pie 294

Kastenweißbrot 296

Vollkornbrot 298

Sauerteigbrot 300

Fünfkornbrot 302

Haferbrot 304

Maisbrot 306

Früchtebrot 308

Roggenbrot 310

Milchbrötchen 312

Mohn- und Sesambrötchen 314

Pies & Brote

Kürbis-Pie

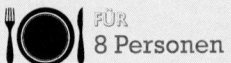 FÜR
8 Personen

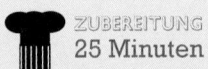 ZUBEREITUNG
25 Minuten

 BACKZEIT
1 Stunde

Nährwerte pro Portion	630 kcal, 42 g Fett, davon 21 g gesättigt, 33 g Zucker, 0,98 g Salz

Dieser traditionelle amerikanische Pie ist ein wunderbares herbstliches Dessert und ideal, um das Fleisch eines Halloweenkürbisses zu verwerten.

ZUTATEN

Mehl, zum Bestäuben
350 g Mürbeteig (Fertigprodukt)
400 g Kürbisfleisch, gekocht und püriert
2 Eier, leicht verquirlt
150 g Zucker
1 TL Zimt
½ TL gemahlener Ingwer
¼ TL gemahlene Gewürznelken
½ TL Salz
350 ml Kondensmilch

Beschwipste Sahne

350 g Schlagsahne
70 g Puderzucker
1 EL Weinbrand (oder nach Geschmack)
1 EL Rum (oder nach Geschmack)
frisch geriebene Muskatnuss, zum Dekorieren

1. Den Backofen auf 200 °C vorheizen. Eine Teigrolle leicht mit Mehl bestäuben und den Mürbeteig auf einer leicht bemehlten Arbeitsfläche zu einem 30 cm großen Kreis dünn ausrollen. Eine eingefettete tiefe Pie- oder Quicheform (24 cm Ø) damit auslegen und überstehenden Teig abschneiden. Den Teigboden mit Backpapier auslegen und mit Backperlen oder getrockneten Bohnen füllen.

2. Im vorgeheizten Ofen 10 Minuten blindbacken. Die Form aus dem Ofen nehmen. Backperlen und Backpapier entfernen und die Ofentemperatur auf 180 °C reduzieren.

3. Inzwischen Kürbispüree, Eier, Zucker, Zimt, Ingwer, Nelken und Salz in einer Schüssel glatt rühren. Dann die Kondensmilch einarbeiten. Die Masse auf den Teigboden gießen und im Ofen weitere 40–50 Minuten backen, bis die Füllung fest ist und ein in die Mitte gestochenes Messer sauber herauskommt. Auf ein Kuchengitter heben und vollständig erkalten lassen.

4. Während der Pie im Ofen gebacken wird, die Schlagsahne in einer Schüssel halb steif schlagen. Den Puderzucker darübersieben und weiterrühren, bis die Sahne steif ist. Weinbrand und Rum kurz einarbeiten. Nicht zu lange rühren, sonst gerinnt die Sahne. Abgedeckt bis zum Gebrauch kalt stellen. Die Sahne vor dem Servieren mit Muskatnuss dekorativ bestäuben.

Apfel-Pie

 **FÜR**
6 Personen

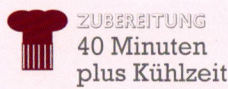 **ZUBEREITUNG**
40 Minuten
plus Kühlzeit

 **BACKZEIT**
50 Minuten

Nährwerte pro Portion	567 kcal, 28 g Fett, davon 13,5 g gesättigt, 32 g Zucker, 0,5 g Salz

Eine goldbraune, knusprige Teighülle gefüllt mit saftig-süßen Äpfeln und einem Hauch von Zimt – der perfekte Apple Pie.

ZUTATEN

Teig

350 g Mehl, plus etwas mehr zum Bestäuben

1 Prise Salz

80 g Butter oder Margarine, gewürfelt

80 g Schmalz oder Pflanzenfett, gewürfelt

6 EL kaltes Wasser

verquirltes Ei oder Milch, zum Bestreichen

Füllung

750 g–1 kg Kochäpfel, geschält, entkernt, in Scheiben

125 g Feinstzucker, plus etwas mehr zum Bestreuen

½–1 TL Zimt, Apfelstrudelgewürz oder gemahlener Ingwer

1. Für den Teig Mehl und Salz in eine Schüssel sieben. Butter und Schmalz hineinreiben, bis eine feinkrümelige Masse entstanden ist. Das Wasser zufügen und rasch alles zu einem Teig verkneten. In Frischhaltefolie einschlagen und 30 Minuten im Kühlschrank ruhen lassen.

2. Den Backofen auf 220 °C vorheizen. Knapp zwei Drittel des Teiges auf einer leicht bemehlten Arbeitsfläche zu einem 30 cm großen Kreis ausrollen und eine tiefe Pie- oder eine Quicheform (24 cm Ø) damit auslegen.

3. Für die Füllung Apfelscheiben, Zucker und Gewürz in einer Schüssel sorgfältig vermengen. Die Äpfel in den Teigboden füllen. (Die Apfelfüllung darf auch über den Teigrand ragen.) Wenn die Äpfel nicht sehr saftig sind, die Füllung mit 1–2 Esslöffeln Wasser beträufeln.

4. Den restlichen Teig auf einer leicht bemehlten Arbeitsfläche zu einem passenden kreisrunden Deckel ausrollen. Den Rand des Teigbodens mit Wasser befeuchten und den Teigdeckel darauflegen. Gut andrücken und mit den Fingern ein dekoratives Muster eindrücken. Aus den Teigresten Blätter oder andere dekorative Formen ausschneiden, mit Wasser befeuchten und auf dem Teigdeckel anbringen. Den Teigdeckel mit Ei bestreichen und 1–2 Schlitze hineinstechen. Die Form auf ein Backblech setzen.

5. Im vorgeheizten Ofen 20 Minuten backen. Dann die Temperatur auf 180 °C reduzieren und weitere 30 Minuten backen, bis der Pie goldbraun ist. Mit etwas Zucker bestreuen und warm oder kalt servieren.

Kleine Schokocreme-Pies

 FÜR
8 Personen

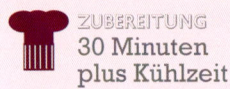 ZUBEREITUNG
30 Minuten
plus Kühlzeit

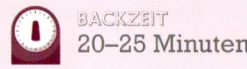 BACKZEIT
20–25 Minuten

Nährwerte pro Portion	711 kcal, 54 g Fett, davon 33 g gesättigt, 30 g Zucker, 0,5 g Salz

Knusprige, süße Mürbeteigböden mit einer samtig-cremigen dunklen Schokoladenfüllung machen aus diesen kleinen Pies perfekte Desserts für ein Partybüfett.

ZUTATEN

Teig

225 g Mehl, plus etwas mehr zum Bestäuben
120 g Butter, gewürfelt
2 EL Puderzucker
1 Eigelb
2–3 EL kaltes Wasser

Füllung

250 g Zartbitterschokolade, in Stücken, plus etwas mehr zum Dekorieren
120 g Butter
50 g Puderzucker
300 g Schlagsahne

1. Für den Teig das Mehl in eine große Schüssel sieben. Die Butter mit den Fingern hineinreiben, bis eine feinkrümelige Masse entstanden ist. Puderzucker, Eigelb und so viel Wasser einarbeiten, dass ein weicher Teig entsteht. Den Teig in Frischhaltefolie einschlagen und im Kühlschrank 15 Minuten ruhen lassen. Den Teig auf einer leicht bemehlten Arbeitsfläche ausrollen und 8 Tartelettförmchen (10 cm Ø) damit auslegen. Die Teigböden 30 Minuten kalt stellen.

2. Den Backofen auf 200 °C vorheizen. Die Teigböden mehrmals mit einer Gabel einstechen und mit leicht geknüllter Alufolie auslegen. Im vorgeheizten Ofen 10 Minuten blindbacken. Die Alufolie entfernen und die Böden weitere 5–10 Minuten backen, bis sie goldbraun sind. Auf einem Kuchengitter abkühlen lassen. Die Ofentemperatur auf 160 °C reduzieren.

3. Für die Füllung die Schokolade mit Butter und Puderzucker in einer hitzebeständigen Schüssel über einem Wasserbad schmelzen. Vom Wasserbad nehmen und 200 g Sahne unterrühren. Die Teigböden aus den Förmchen lösen und auf ein Backblech setzen. Mit der Schokoladenmasse füllen und 5 Minuten im Ofen backen. Erkalten lassen, dann bis zum Servieren kalt stellen. Vor dem Servieren die restliche Sahne steif schlagen und je einen Löffel davon auf die Pies geben. Etwas Schokolade raspeln und die Pies damit dekorieren.

Bananencreme-Pie

 FÜR
10 Personen

 ZUBEREITUNG
30 Minuten
plus Kühlzeit

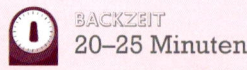 BACKZEIT
20–25 Minuten

Nährwerte pro Portion	562 kcal, 33 g Fett, davon 16,5 g gesättigt, 25 g Zucker, 0,5 g Salz

Bei diesem ungewöhnlichen Südstaaten-Pie verbergen sich zwischen einem knusprigen Teigboden und einer süßen Sahnehaube Bananen und eine feine Vanillecreme.

ZUTATEN

Mehl, zum Bestäuben
350 g Mürbeteig (Fertigprodukt)
4 Eigelb (Größe L)
80 g Feinstzucker
4 EL Speisestärke
1 Prise Salz
450 ml Milch
5 Tropfen Vanillearoma
3 Bananen
½ EL Zitronensaft
350 g Schlagsahne, mit 3 EL Puderzucker steif geschlagen, zum Dekorieren

1. Den Backofen auf 200 °C vorheizen. Den Teig mit einer leicht mit Mehl bestäubten Teigrolle auf einer leicht bemehlten Arbeitsfläche zu einem 30 cm großen Kreis ausrollen und eine eingefettete tiefe Pie- oder eine Quicheform (24 cm Ø) damit auslegen. Überstehenden Teig abschneiden und den Boden mehrmals mit einer Gabel einstechen. Den Teigboden mit Backpapier auslegen und mit Backperlen füllen.

2. Im vorgeheizten Ofen 15 Minuten blindbacken, bis der Teigboden leicht gebräunt ist. Backpapier samt Backperlen entfernen und den Boden nochmals mit einer Gabel einstechen. Im Ofen weitere 5–10 Minuten backen, bis der Teig goldbraun ist. Auf einem Kuchengitter vollständig erkalten lassen.

3. Inzwischen Eigelb, Zucker, Speisestärke und Salz in einer Schüssel hell aufschlagen. Milch und Vanillearoma unterrühren.

4. Die Mischung in einem schweren Topf bei mittlerer bis starker Hitze unter Rühren zum Kochen bringen, bis die Creme eingedickt und glatt ist. Die Hitze auf kleine Stufe reduzieren und die Creme unter Rühren 2 Minuten köcheln lassen. Durch ein Sieb in eine Schüssel streichen und abkühlen lassen.

5. Die Bananen in Scheiben schneiden, in eine Schüssel geben und mit dem Zitronensaft beträufeln. Auf dem Teigboden verteilen, mit der Creme bedecken und mindestens 2 Stunden im Kühlschrank kalt stellen. Die Sahne auf der Vanillecreme verstreichen und sofort servieren.

Kirsch-Pie

 FÜR
8 Personen

 ZUBEREITUNG
40 Minuten
plus Kühlzeit

 BACKZEIT
45 Minuten

Nährwerte pro Portion	345 kcal, 12,5 g Fett, davon 7,5 g gesättigt, 37 g Zucker, 0,4 g Salz

Dieser Pie hat eine saftige Kirschfüllung mit feiner Mandel- und Kirschwassernote.

ZUTATEN

Teig

140 g Mehl, plus etwas mehr zum Bestäuben

¼ TL Backpulver

½ TL Lebkuchengewürz

½ TL Salz

50 g Feinstzucker

50 g kalte Butter, gewürfelt, plus etwas mehr zum Einfetten

1 Ei, verquirlt, plus etwas mehr zum Bestreichen

Füllung

900 g entsteinte frische Kirschen oder Kirschen aus dem Glas, abgetropft

150 g Feinstzucker

einige Tropfen Bittermandelaroma

2 TL Kirschwasser

¼ TL Lebkuchengewürz

2 EL Speisestärke

2 EL Wasser

25 g Butter, zerlassen

Vanilleeiscreme, zum Servieren

1. Für den Teig Mehl und Backpulver in eine große Schüssel sieben. Lebkuchengewürz, Salz und Zucker untermischen. Die Butter mit den Fingern hineinreiben, bis eine feinkrümelige Masse entstanden ist. Eine Vertiefung in die Mitte drücken, das Ei hineingießen und alles zu einem glatten Teig verkneten. Den Teig halbieren und zu Kugeln formen. In Frischhaltefolie einschlagen und 30 Minuten im Kühlschrank ruhen lassen.

2. Den Backofen auf 200 °C vorheizen. Eine tiefe Pie- oder Quicheform (22 cm Ø) einfetten. Den Teig dünn zu zwei 28 cm großen Kreisen ausrollen. Mit einem Teigkreis die Form auslegen.

3. Für die Füllung die Hälfte der Kirschen mit dem Zucker zum Kochen bringen. Mandelaroma, Kirschwasser und Lebkuchengewürz unterrühren. Die Speisestärke mit dem Wasser anrühren und dann in die Kirschmischung rühren. Weiter köcheln lassen, bis die Masse eindickt. Die restlichen Kirschen unterheben. Die Masse auf dem Teigboden verteilen und mit der Butter beträufeln. Die zweite Teigplatte in 1 cm breite Streifen schneiden und gitterartig auf die Füllung legen. Die Enden zurechtschneiden, anfeuchten und auf den Teigrand drücken. Mit dem Ei bestreichen.

4. Die Form mit Alufolie abdecken und den Pie im vorgeheizten Ofen 30 Minuten backen. Die Alufolie entfernen und den Pie weitere 15 Minuten backen, bis er goldbraun ist. Mit Eiscreme servieren.

Zitronen-Baiser-Pie

 FÜR
8 Personen

 ZUBEREITUNG
40 Minuten
plus Kühlzeit

 BACKZEIT
55 Minuten

Nährwerte pro Portion	300 kcal, 12 g Fett, davon 6,5 g gesättigt, 27 g Zucker, 0,25 g Salz

Das Wunderbare an diesem klassischen englischen Dessertkuchen ist, dass die säuerliche Zitronenfüllung durch den knusprigen Teig und die süße Baiserhaube perfekt ausgeglichen wird.

ZUTATEN

Teig

150 g Mehl, plus etwas mehr zum Bestäuben

80 g Butter, gewürfelt, plus etwas mehr zum Einfetten

40 g Puderzucker, gesiebt

fein abgeriebene Schale von ½ Zitrone

½ Eigelb, verquirlt

1½ EL Milch

Füllung

3 EL Speisestärke

300 ml Wasser

Saft und fein abgeriebene Schale von 2 Zitronen

175 g Feinstzucker

2 Eier, getrennt

1. Für den Teig das Mehl in eine Schüssel sieben. Die Butter mit den Fingern hineinreiben, bis eine feinkrümelige Masse entstanden ist. Die restlichen Teigzutaten einarbeiten. Den Teig auf einer leicht bemehlten Arbeitsfläche kurz durchkneten. In Frischhaltefolie eingeschlagen 30 Minuten im Kühlschrank ruhen lassen.

2. Den Backofen auf 180 °C vorheizen. Eine Tarteform mit herausnehmbarem Boden (20 cm Ø) einfetten. Den Teig auf einer leicht bemehlten Arbeitsfläche zu einem 5 mm dicken und 26 cm großen Kreis ausrollen und Boden und Rand der vorbereiteten Form damit auslegen. Mehrmals mit einer Gabel einstechen, mit Backpapier auslegen und mit Backperlen füllen. Im vorgeheizten Ofen 15 Minuten blindbacken. Aus dem Ofen nehmen und Backpapier samt Backperlen entfernen. Die Ofentemperatur auf 150 °C reduzieren.

3. Für die Füllung die Speisestärke mit etwas Wasser zu einer glatten Paste verrühren. Restliches Wasser, Zitronensaft und -schale in einem Topf mit der Speisestärkenpaste mischen. Unter Rühren zum Kochen bringen und 2 Minuten köcheln. Etwas abkühlen lassen. Dann 75 g Zucker und das Eigelb einarbeiten. Die Creme auf dem Teigboden verstreichen.

4. Das Eiweiß in einer sauberen, fettfreien Schüssel halb steif schlagen. Unter Rühren den restlichen Zucker einrieseln lassen. Weiterrühren, bis die Masse steif ist.

5. Die Baisermasse auf der Zitronencreme verstreichen und im Ofen weitere 40 Minuten backen. Auf einem Kuchengitter erkalten lassen.

2

3

5

Sommerliche Mini-Beeren-Pies

ERGIBT
24 Stück

ZUBEREITUNG
30 Minuten

BACKZEIT
15 Minuten

Nährwerte pro Stück	104 kcal, 6 g Fett, davon 2 g gesättigt, 4 g Zucker, 0,2 g Salz

Erweisen Sie dem Sommer mit diesen köstlichen, fruchtig roten Mini-Pies die Ehre.

ZUTATEN

Butter, zum Einfetten

350 g gemischte Beeren, z. B. Erdbeeren, Himbeeren und rote Johannisbeeren

2 TL Speisestärke

3 EL Feinstzucker, plus etwas mehr zum Bestreuen

fein abgeriebene Schale von ½ Zitrone

450 g Mürbeteig (Fertigprodukt)

Mehl, zum Bestäuben

1 Eigelb, mit 1 EL Wasser verquirlt, zum Glasieren

steif geschlagene Sahne, zum Servieren

1. Den Backofen auf 180 °C vorheizen. Eine 24er-Minimuffinform leicht einfetten.

2. Die Erdbeeren vierteln. Große Himbeeren halbieren. Alle Beeren in eine Schüssel geben und mit Speisestärke, Zucker und Zitronenschale vermengen.

3. Den Teig auf einer leicht bemehlten Arbeitsfläche dünn ausrollen. Mit einer Ausstechform mit gewelltem Rand (6 cm Ø) 24 Kreise ausstechen. Die Teigreste bei Bedarf zusammenkneten und erneut ausrollen. Die Teigkreise vorsichtig in die Vertiefungen der Muffinform drücken. Teigreste für die Dekoration beiseitelegen.

4. Die Teigränder mit etwas Eigelbmasse bestreichen. Die Beerenmischung einfüllen.

5. Die Teigreste auf einer leicht bemehlten Arbeitsfläche dünn ausrollen und in 1 cm breite Streifen schneiden. Je zwei Streifen auf die Mini-Pies legen und an den Rändern andrücken. Mit einer Ausstechform kleine Sterne aus dem Teig stechen und auf die Streifen legen. Mit Eigelbmasse bestreichen und etwas Zucker bestreuen.

6. Die Pies im vorgeheizten Ofen 15 Minuten backen, bis sie goldbraun sind. Die Mini-Pies 10 Minuten in den Förmchen abkühlen lassen. Dann mit einem Messer vorsichtig herauslösen und auf ein Kuchengitter setzen. Warm oder kalt mit Schlagsahne servieren.

Pfirsich-Pie mit Streuseln

 FÜR
6 Personen

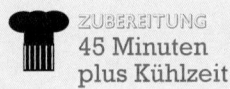 ZUBEREITUNG
45 Minuten
plus Kühlzeit

 BACKZEIT
40–45 Minuten

Nährwerte pro Portion	492 kcal, 25 g Fett, davon 15 g gesättigt, 21 g Zucker, 0,6 g Salz

Dieser Pie bietet reichlich saftige, süße Früchte unter einer buttrig-knusprigen Streuselhaube.

ZUTATEN

Teig

200 g Mehl, plus etwas mehr zum Bestäuben
100 g Butter, gewürfelt
1 Eigelb
1 TL Zitronensaft
1–2 EL eiskaltes Wasser

Streusel

120 g Mehl
1 gehäufter TL Backpulver
70 g Butter, gewürfelt
50 g Demerara-Zucker

Füllung

600 g feste Pfirsiche, halbiert, entsteint und in Scheiben
25 g Feinstzucker
1 EL Speisestärke

1. Für den Teig das Mehl in eine Schüssel sieben. Die Butter mit den Fingern hineinreiben, bis eine feinkrümelige Masse entstanden ist. In einer Schale Eigelb und Zitronensaft mit 1 Esslöffel Wasser glatt rühren. Zur Mehlmischung geben und alles zu einem festen Teig verkneten; gegebenenfalls noch das restliche Wasser einarbeiten. In Frischhaltefolie einschlagen und 30 Minuten im Kühlschrank ruhen lassen.

2. Den Teig auf einer leicht bemehlten Arbeitsfläche kreisrund ausrollen und eine Pie- oder Quicheform (24 cm Ø) damit auslegen. Den Boden mehrmals mit einer Gabel einstechen und 15 Minuten im Kühlschrank ruhen lassen. Den Backofen mit einem eingeschobenen Backblech auf 200 °C vorheizen.

3. Den Teigboden mit Backpapier bedecken und mit Backperlen beschweren. Auf das heiße Backblech setzen und im vorgeheizten Ofen 10 Minuten blindbacken. Backpapier samt Backperlen entfernen und den Teigboden weitere 5–6 Minuten backen, bis er goldgelb ist. Die Ofentemperatur auf 190 °C reduzieren.

4. Inzwischen für die Streusel Mehl, Backpulver und Butter in einer Schüssel mit den Fingern zu feinen Krümeln verreiben, dann den Zucker untermischen.

5. Für die Füllung die Pfirsichspalten in einer Schüssel mit Zucker und Speisestärke sorgfältig vermengen. Auf dem vorgebackenen Teigboden verteilen und mit den Streuseln bedecken.

6. Den Pie im vorgeheizten Ofen 25–30 Minuten backen, bis er goldbraun ist. Lauwarm oder kalt servieren.

Mini-Apfel-Pies

 ERGIBT
24 Stück

 ZUBEREITUNG
35 Minuten

 BACKZEIT
15 Minuten

Nährwerte Stück	107 kcal, 5,5 g Fett, davon 2 g gesättigt, 6 g Zucker, 0,2 g Salz

Diese Torteletts können im Voraus zubereitet, eingefroren und vor dem Servieren wieder aufgetaut (und aufgewärmt) werden.

ZUTATEN

25 g Butter, plus etwas mehr zum Einfetten

450 g Kochäpfel, geschält, entkernt und gewürfelt

50 g Feinstzucker, plus etwas mehr zum Bestreuen

50 g Rosinen

fein abgeriebene Schale von 1 Zitrone

3 EL Weinbrand

375 g Mürbeteig (Fertigprodukt)

Mehl, zum Bestäuben

Milch, zum Glasieren

steif geschlagene Sahne, zum Servieren

1. Den Backofen auf 180 °C vorheizen. Eine 24er-Minimuffinform leicht einfetten.

2. Die Äpfel mit Butter, Zucker, Rosinen und Zitronenschale in eine Pfanne geben und ohne Deckel unter gelegentlichem Rühren 8–10 Minuten bei kleiner Hitze dünsten, bis sie weich sind, aber nicht zerfallen. Den Weinbrand zufügen und bis unter den Siedepunkt erhitzen. Anzünden und flambieren, bis die Flamme erlischt. Abkühlen lassen.

3. Die Hälfte des Teiges auf einer leicht bemehlten Arbeitsfläche dünn ausrollen. Mit einer Ausstechform mit gewelltem Rand (6 cm Ø) 24 Kreise ausstechen. Die Teigreste erneut ausrollen. Die Teigkreise vorsichtig in die Vertiefungen der Form drücken.

4. Die Teigränder mit etwas Milch bestreichen. Die Apfelmischung leicht gewölbt einfüllen.

5. Den restlichen Teig auf einer leicht bemehlten Arbeitsfläche dünn ausrollen. Mit einer Ausstechform mit gewelltem Rand (6 cm Ø) weitere 24 Kreise ausstechen. Die Teigreste bei Bedarf zusammenkneten und erneut ausrollen. Als Teigdeckel auf die Füllung legen und an den Rändern andrücken. Mit Milch bestreichen.

6. Die Teigreste zu feinen Rollen formen und daraus die Initialen der Gäste oder Familienmitglieder formen. Auf die Teigdeckel legen und leicht andrücken. Mit Milch bestreichen und mit Zucker bestreuen.

7. Die Pies 15 Minuten backen, bis sie goldbraun sind. Die Mini-Pies 10 Minuten in den Förmchen abkühlen lassen. Dann mit einem Messer vorsichtig herauslösen und auf ein Kuchengitter setzen. Mit Zucker bestreuen und warm oder kalt mit Schlagsahne servieren.

Key Lime Pie

 FÜR
8 Personen

 ZUBEREITUNG
30 Minuten
plus Kühlzeit

 BACKZEIT
20 Minuten

Nährwerte pro Portion	377 kcal, 19 g Fett, davon 10 g gesättigt, 33 g Zucker, 0,7 g Salz

Dieser erfrischende Limetten-Pie stammt von den Florida Keys und ist nach den Limetten – auf Englisch „lime" – benannt, die in dieser Gegend angebaut werden.

ZUTATEN

Krümelboden

70 g Butter, zerlassen, plus etwas mehr zum Einfetten

175 g Vollkorn- oder Ingwerkekse

2 EL Feinstzucker

½ TL Zimt

Füllung

400 g Kondensmilch

125 ml Limettensaft

fein abgeriebene Schale von 3 Limetten

4 Eigelb

geschlagene Sahne, zum Servieren

1. Den Backofen auf 160 °C vorheizen. Eine Tarteform mit herausnehmbarem Boden (24 cm Ø) einfetten. Für den Krümelboden die Kekse mit Zucker und Zimt in einer Küchenmaschine feinkrümelig mahlen. Die Butter einarbeiten, bis die Krümel gebunden sind.

2. Die Krümelmasse in die vorbereitete Form drücken und einen Rand formen. Auf einem Backblech 5 Minuten im vorgeheizten Ofen backen. Inzwischen Kondensmilch, Limettensaft und -schale sowie Eigelb in einer Schüssel glatt rühren.

3. Den Krümelboden aus dem Ofen nehmen, die Limettenmasse darauf verteilen und weitere 15 Minuten backen, bis die Füllung an den Rändern gestockt, in der Mitte aber noch etwas weich ist. Den Pie vollständig in der Form erkalten lassen, dann abgedeckt mindestens 2 Stunden im Kühlschrank ganz fest werden lassen. Vor dem Servieren aus der Form lösen und mit Schlagsahne bestreichen.

1

2

3

ZUR
ABWECHSLUNG
Statt mit Sahne
können Sie den
Pie auch mit einer
Baisermasse be-
decken, die Sie
im heißen Ofen
kurz bräunen.

Pekannuss-Pie

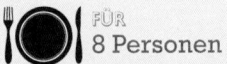 FÜR
8 Personen

 ZUBEREITUNG
40 Minuten
plus Kühlzeit

 BACKZEIT
1 Stunde

Nährwerte pro Portion	578 kcal, 39 g Fett, davon 13 g gesättigt, 32 g Zucker, 0,6 g Salz

Dieser amerikanische Klassiker schmeckt warm mit einer Kugel Vanilleeiscreme einfach großartig.

ZUTATEN

Teig

175 g Mehl, plus etwas mehr zum Bestäuben

80 g Butter, gewürfelt

1 EL Feinstzucker

1 Ei, mit 1 EL kaltem Wasser verquirlt

Füllung

80 g Butter

80 g Rohrzucker

150 ml Ahornsirup

5 EL heller Zuckerrübensirup

3 Eier (Größe L), verquirlt

5 Tropfen Vanillearoma

200 g Pekannusskerne

1. Für den Teig das Mehl in eine große Schüssel sieben. Die Butter mit den Fingern hineinreiben, bis eine feinkrümelige Masse entstanden ist. Den Zucker untermischen und so viel Eimasse einarbeiten, bis ein fester Teig entsteht.

2. Den Teig auf einer leicht bemehlten Arbeitsfläche kurz durchkneten. Zu einem 30 cm großen Kreis ausrollen und eine Tarteform mit herausnehmbarem Boden (24 cm Ø) damit auslegen. Den Teigboden mehrmals mit einer Gabel einstechen und 30 Minuten im Kühlschrank ruhen lassen. Inzwischen den Backofen auf 200 °C vorheizen.

3. Die Form auf ein Backblech setzen. Den Teigboden mit Backpapier auslegen und mit Backperlen beschweren. Im vorgeheizten Ofen 10 Minuten blindbacken. Backpapier samt Backperlen entfernen und den Teigboden weitere 5 Minuten backen, bis er goldgelb ist. Die Ofentemperatur auf 180 °C reduzieren.

4. Für die Füllung Butter, Zucker und Sirupe in einem Topf bei kleiner Hitze schmelzen. Vom Herd nehmen und 5 Minuten abkühlen lassen. Eier und Vanillearoma unterrühren. Die Hälfte der Pekannüsse grob hacken und unter die Sirupmasse rühren.

5. Die Nussmasse auf dem Teigboden verteilen und mit den restlichen Nüssen bedecken. Im vorgeheizten Ofen etwa 35–45 Minuten backen, bis die Füllung fest ist. Warm oder kalt servieren.

Bananen-Toffee-Pie

 FÜR
10 Personen

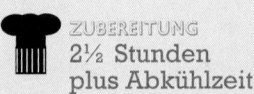 ZUBEREITUNG
2½ Stunden
plus Abkühlzeit

 BACKZEIT
10–12 Minuten

Nährwerte pro Portion	1100 kcal, 67 g Fett, davon 39 g gesättigt, 98 g Zucker, 1 g Salz

Mit seinem knusprigen Nussboden, den Bananen, dem herrlichen Toffeebelag und einer üppigen Sahnehaube ist dieser Pie nichts für Kalorienzähler!

ZUTATEN

Füllung

3 Dosen gezuckerte Kondensmilch (à 400 g)

4 Bananen

Saft von ½ Zitrone

5 Tropfen Vanillearoma

75 g Zartbitterschokolade, gerieben

475 g Schlagsahne, steif geschlagen

Boden

80 g Butter, zerlassen, plus etwas mehr zum Einfetten

150 g Vollkornbutterkekse, fein zerkrümelt

25 g Mandeln, geröstet und gemahlen

25 g Haselnüsse, geröstet und gemahlen

1. Die geschlossenen Kondensmilchdosen in einen großen Topf stellen, mit Wasser bedecken und zum Kochen bringen. Die Hitze reduzieren und 2 Stunden köcheln lassen. Bei Bedarf Wasser nachgießen, damit die Dosen ständig bedeckt sind. Dann die Dosen aus dem Wasser nehmen und erkalten lassen.

2. Den Backofen auf 180 °C vorheizen. Eine Tarteform mit herausnehmbarem Boden (24 cm Ø) einfetten. Für den Boden alle Zutaten in einer großen Schüssel vermengen. Die Masse in die vorbereitete Form drücken und einen Rand formen. Im vorgeheizten Ofen etwa 10–12 Minuten backen. Auf einem Kuchengitter erkalten lassen.

3. Die Bananen schälen und in Scheiben schneiden. Mit Zitronensaft und Vanillearoma vermengen und auf dem Teigboden verteilen. Die Kondensmilchdosen öffnen und den Inhalt auf den Bananen verstreichen.

4. Mit 50 g Schokolade bestreuen, dann die Sahne darauf verstreichen. Mit der restlichen Schokolade dekorieren und sofort servieren.

1

2

3

Erdnuss-Schoko-Pie

 FÜR
8 Personen

 ZUBEREITUNG
40 Minuten
plus Kühlzeit

 BACKZEIT
10 Minuten

Nährwerte pro Portion	724 kcal, 61 g Fett, davon 35 g gesättigt, 28 g Zucker, 0,7 g Salz

*Wenn Sie Erdnussbutter und Schokolade lieben,
dann ist dieser Creme-Pie wie für Sie gemacht!*

ZUTATEN

Boden

70 g Butter, zerlassen, plus etwas mehr zum Einfetten

225 g Schokoladenkekse, fein zerkrümelt

25 g Zartbitterschokolade, gerieben

Füllung

175 g Frischkäse

140 g feine Erdnussbutter

25 g Feinstzucker

200 g Schlagsahne

Belag

120 g Zartbitterschokolade, in Stücken

1 EL heller Zuckerrübensirup

25 g Butter

100 g Schlagsahne

gehackte geröstete Erdnüsse, zum Dekorieren

1. Den Backofen auf 180 °C vorheizen. Eine Tarteform mit herausnehmbarem Boden (24 cm Ø) leicht einfetten.

2. Die Kekskrümel in einer Schüssel mit Schokolade und Butter mischen. Die Masse in die Form drücken und einen Rand formen. Im vorgeheizten Ofen 10 Minuten backen. Auf einem Kuchengitter erkalten lassen.

3. Für die Füllung Frischkäse und Erdnussbutter in einer Schüssel glatt rühren. Den Zucker unterrühren. Dann nach und nach die Sahne einarbeiten. Die Masse auf den Krümelboden füllen und glatt streichen. Im Kühlschrank 30 Minuten fest werden lassen.

4. Für den Belag die Schokolade mit Sirup und Butter in einer hitzebeständigen Schüssel über einem Wasserbad schmelzen. Vom Wasserbad nehmen und die Sahne sorgfältig unterrühren. Etwa 10–20 Minuten abkühlen lassen, bis die Masse eingedickt ist. Auf der Füllung verstreichen und mindestens 1 Stunde kalt stellen.

5. Vor dem Servieren den Pie aus der Form lösen und mit den Erdnüssen dekorieren.

Kokos-Pie

 FÜR
6 Personen

 ZUBEREITUNG
30 Minuten
plus Kühlzeit

 BACKZEIT
16–18 Minuten

Nährwerte pro Portion	753 kcal, 62 g Fett, davon 37 g gesättigt, 12 g Zucker, 0,6 g Salz

Ein einfacher Teigboden, aus dem mit Schichten aus köstlicher Vanille-Kokos-Creme, Schlagsahne und leicht gerösteten Kokosraspeln ein ganz besonderer Pie wird.

ZUTATEN

Butter, zum Einfetten

250 g Mürbeteig (Fertigprodukt)

2 EL Mehl, plus etwas mehr zum Bestäuben

2 Eier

50 g Feinstzucker

5 Tropfen Vanillearoma

2 EL Speisestärke

150 ml Milch

200 ml Kokosmilch

25 g Kokosraspel

400 g Schlagsahne

2 EL geröstete Kokosraspel, zum Dekorieren

1. Den Backofen auf 200 °C vorheizen. Eine Pie- oder Quicheform (20–22 cm Ø) leicht einfetten. Den Teig auf einer leicht bemehlten Arbeitsfläche zu einem Kreis ausrollen und die vorbereitete Form damit auslegen. Am Rand überstehenden Teig abschneiden. Den Boden mehrmals mit einer Gabel einstechen und 15 Minuten im Kühlschrank ruhen lassen.

2. Den Teigboden mit Backpapier auslegen und mit Backperlen beschweren. Im vorgeheizten Backofen 10 Minuten blindbacken. Backpapier samt Backperlen entfernen und den Teigboden weitere 6–8 Minuten backen, bis er goldgelb ist. Auf einem Kuchengitter erkalten lassen.

3. Für die Füllung Eier, Zucker und Vanillearoma in einer Schüssel verrühren. Mehl und Speisestärke mit 4 Esslöffeln Milch anrühren und unter die Eiermasse rühren. Restliche Milch und Kokosmilch in einem Topf bis knapp unter den Siedepunkt erhitzen und unter ständigem Rühren in die Eiermischung gießen. Die Masse zurück in den Topf gießen und unter Rühren sanft erhitzen, bis die Creme glatt und eingedickt ist. Die Kokosraspel unterheben. Ein Stück befeuchtetes Backpapier auf die Creme legen und diese erkalten lassen.

4. Die Creme auf dem Teigboden verstreichen. Die Sahne steif schlagen und auf der Creme verstreichen. Mit den gerösteten Kokosraspeln dekorieren.

Kastenweißbrot

 ERGIBT
1 Laib

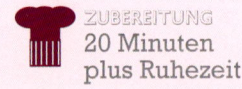 ZUBEREITUNG
20 Minuten
plus Ruhezeit

 BACKZEIT
30 Minuten

Nährwerte pro Laib	2123 kcal, 42 g Fett, davon 18 g gesättigt, 17 g Zucker, 7,7 g Salz

Brot selbst zu backen ist gar nicht so schwer, und es schmeckt lecker! Falls Sie noch nicht viel Übung im Brotbacken haben, ist dieses einfache Kastenweißbrot genau das Richtige für Sie.

ZUTATEN

1 Ei

1 Eigelb

150–200 ml lauwarmes Wasser

500 g Mehl (Type 550), gesiebt, plus etwas mehr zum Bestäuben

1½ TL Salz

2 TL Zucker

1 Tütchen Trockenhefe

25 g Butter, gewürfelt

Sonnenblumenöl, zum Einfetten

1. Ei und Eigelb in einem Messbecher verquirlen und mit lauwarmem Wasser auf 300 ml auffüllen. Sorgfältig verrühren.

2. Mehl, Salz, Zucker und Hefe in einer großen Schüssel mischen. Die Butter mit den Fingern in die trockenen Zutaten reiben. Eine Vertiefung in die Mitte drücken. Die Eiermischung hineingießen und mit den trockenen Zutaten zu einem glatten Teig verarbeiten.

3. Den Teig auf einer leicht bemehlten Arbeitsfläche etwa 10 Minuten kräftig durchkneten, bis er glatt und geschmeidig ist. Eine Schüssel mit Öl ausstreichen. Den Teig zu einer Kugel formen und in die Schüssel geben. Abgedeckt an einem warmen Ort 1 Stunde gehen lassen, bis sich das Teigvolumen verdoppelt hat. Eine Kastenform (1 l Inhalt) einfetten. Den Teig auf einer leicht bemehlten Arbeitsfläche nochmals 1 Minute durchkneten. Den Teig zu einem Rechteck formen, das dieselbe Länge und die dreifache Breite der Kastenform hat. Die zwei äußeren Drittel einschlagen und den Laib mit der Kante nach unten in die Form legen. Abgedeckt an einem warmen Ort weitere 30 Minuten gehen lassen, bis der Teig über den Rand der Form gestiegen ist.

4. Inzwischen den Backofen auf 220 °C vorheizen. Das Brot im vorgeheizten Ofen 30 Minuten backen, bis es goldbraun ist. Es ist durchgebacken, wenn es sich beim Klopfen gegen die Unterseite hohl anhört. Auf einem Kuchengitter erkalten lassen.

2

3

3

Vollkornbrot

ERGIBT
1 Laib

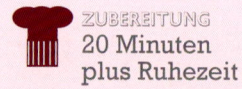
ZUBEREITUNG
20 Minuten
plus Ruhezeit

BACKZEIT
30 Minuten

Nährwerte pro Laib	1024 kcal, 27 g Fett, davon 3 g gesättigt, 34 g Zucker, 5 g Salz

Dieses Vollkornbrot enthält alle wertvollen Getreidebestand-teile und hat deshalb mehr Aroma sowie Ballast- und Nährstoffe als mit Weißmehl hergestelltes.

ZUTATEN

225 g Weizenvollkornmehl, plus etwas mehr zum Bestäuben

1 EL Magermilchpulver

1 TL Salz

2 EL Rohrzucker

½ Tütchen Trockenhefe

1½ Sonnenblumenöl, plus etwas mehr zum Einfetten

175 ml lauwarmes Wasser

1. Mehl, Milchpulver, Salz, Zucker und Hefe in einer großen Schüssel mischen. Öl und Wasser zugießen und mit den trockenen Zutaten zu einem glatten Teig verarbeiten.

2. Den Teig auf einer leicht bemehlten Arbeitsfläche etwa 10 Minuten kräftig durchkneten, bis er glatt und geschmeidig ist. Eine Schüssel mit Öl ausstreichen. Den Teig zu einer Kugel formen und in die Schüssel geben. Abgedeckt an einem warmen Ort 1 Stunde gehen lassen, bis sich das Teigvolumen verdoppelt hat.

3. Eine Kastenform (1 l Inhalt) einfetten. Den Teig auf einer leicht bemehlten Arbeitsfläche nochmals 1 Minute durchkneten. Den Teig zu einem Rechteck formen, das dieselbe Länge und die dreifache Breite der Kastenform hat. Die zwei äußeren Drittel einschlagen und den Laib mit der Kante nach unten in die Form legen. Abgedeckt an einem warmen Ort weitere 30 Minuten gehen lassen, bis der Teig über den Rand der Form gestiegen ist.

4. Inzwischen den Backofen auf 220 °C vorheizen. Das Brot im vorgeheizten Ofen 30 Minuten backen, bis es goldbraun ist. Es ist durchgebacken, wenn es sich beim Klopfen gegen die Unterseite hohl anhört. Auf einem Kuchengitter erkalten lassen.

Sauerteigbrot

 ERGIBT
2 Laibe

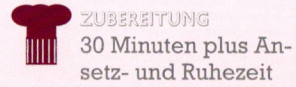 ZUBEREITUNG
30 Minuten plus Ansetz- und Ruhezeit

 BACKZEIT
30 Minuten

Nährwerte pro Laib	1302 kcal, 23 g Fett, davon 5 g gesättigt, 49 g Zucker, 10,3 g Salz

Die Zubereitung nimmt einige Tage in Anspruch, weil zuvor erst ein Sauerteigstarter hergestellt werden muss.

ZUTATEN

450 g Weizenvollkornmehl

4 TL Salz

350 ml lauwarmes Wasser

2 EL dunkler Zuckerrübensirup

1 EL Pflanzenöl, plus etwas mehr zum Einfetten

Mehl, zum Bestäuben

Starterteig

80 g Weizenvollkornmehl

80 g Mehl (Type 550)

50 g Feinstzucker

250 ml Milch

1. Für den Starterteig beide Mehlsorten, Zucker und Milch in eine nicht metallene Schüssel geben und mit einer Gabel sorgfältig verrühren. Mit einem feuchten Tuch bedecken und bei Zimmertemperatur 4–5 Tage stehen lassen, bis die Mischung schäumt und säuerlich riecht.

2. Mehl und die Hälfte des Salzes in eine große Schüssel sieben. Wasser, Sirup, Öl und Starterteig zugeben und mit einem Holzlöffel verrühren, bis die Zutaten gebunden sind. Den Teig auf einer leicht bemehlten Arbeitsfläche etwa 10 Minuten kräftig durchkneten, bis er glatt und geschmeidig ist.

3. Eine Schüssel mit Öl ausstreichen. Den Teig zu einer Kugel formen und in die Schüssel geben. Die Schüssel in eine Plastiktüte geben oder mit einem feuchten Tuch abdecken und an einem warmen Ort 2 Stunden gehen lassen, bis sich das Teigvolumen verdoppelt hat.

4. Zwei Backbleche mit Mehl bestäuben. Das restliche Salz mit 4 Esslöffeln Wasser in einer Schale verrühren. Den Teig auf einer leicht bemehlten Arbeitsfläche nochmals 10 Minuten durchkneten. Den Teig halbieren, zu ovalen Laiben formen und auf die vorbereiteten Backbleche geben. Mit etwas Salzwasser bestreichen und an einem warmen Ort weitere 30 Minuten gehen lassen. Dabei regelmäßig mit Salzwasser bestreichen.

5. Inzwischen den Backofen auf 220 °C vorheizen. Die Brote mit dem restlichen Salzwasser bestreichen und im vorgeheizten Ofen 30 Minuten backen, bis sie goldbraun sind. Die Brote sind durchgebacken, wenn sie sich beim Klopfen gegen die Unterseite hohl anhören. Gegebenenfalls die Ofentemperatur auf 190 °C reduzieren und etwas länger backen. Auf einem Kuchengitter erkalten lassen.

1

3

4

Fünfkornbrot

 ERGIBT
1 Laib

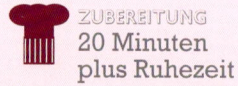 ZUBEREITUNG
20 Minuten
plus Ruhezeit

 BACKZEIT
25–30 Minuten

Nährwerte pro Laib	2544 kcal, 84 g Fett, davon 12 g gesättigt, 24 g Zucker, 4,8 g Salz

Dieses würzige Vollkornbrot steckt voller gesunder, ballaststoffreicher Saaten.

ZUTATEN

2 EL Sonnenblumenöl, plus etwas mehr zum Einfetten

300 g Weizenvollkornmehl, plus etwas mehr zum Bestäuben

225 g Mehl (Type 550)

1 TL Salz

100 g Körnermischung, z. B. Sesamsaat, Kürbis- und Sonnenblumenkerne, Leinsaat und Pinienkerne

1 Tütchen Trockenhefe

1 EL Rohrzucker

300 ml lauwarmes Wasser

1. Ein Backblech leicht mit Öl einfetten. Beide Mehlsorten, Salz, Körnermischung, Hefe und Zucker in einer großen Schüssel mischen. Eine Vertiefung hineindrücken. Öl und Wasser verrühren, in die Vertiefung gießen und mit den trockenen Zutaten zu einem weichen, klebrigen Teig verarbeiten.

2. Den Teig auf einer leicht bemehlten Arbeitsfläche etwa 5–7 Minuten kräftig durchkneten, bis er glatt und elastisch ist. Den Teig zu einem runden Laib formen und auf das vorbereitete Backblech setzen. Mit Vollkornmehl bestäuben und abgedeckt an einem warmen Ort 1–1½ Stunden gehen lassen, bis sich das Teigvolumen verdoppelt hat.

3. Inzwischen den Backofen auf 220 °C vorheizen. Das Brot im vorgeheizten Ofen 5 Minuten backen. Die Ofentemperatur auf 200 °C reduzieren und das Brot weitere 20–25 Minuten backen, bis es goldbraun ist. Es ist durchgebacken, wenn es sich beim Klopfen gegen die Unterseite hohl anhört. Auf einem Kuchengitter erkalten lassen.

1

2

3

ZUR ABWECHSLUNG
Aus diesem Teig
können auch Brötchen
gebacken werden.
Dazu den Teig zu
12 Kugeln formen
und 10–15 Minuten
bei 200 °C backen.

Haferbrot

 ERGIBT
1 Laib

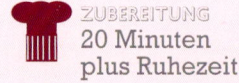 ZUBEREITUNG
20 Minuten
plus Ruhezeit

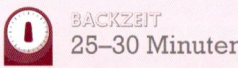 BACKZEIT
25–30 Minuten

Nährwerte pro Laib	1872 kcal, 36 g Fett, davon 18 g gesättigt, 24 g Zucker, 7,2 g Salz

Dieses einfache Landbrot mit dem nussigen Aroma hat eine wunderbar weiche Krume.

ZUTATEN

70 g Haferflocken, plus etwas mehr zum Bestreuen

225 g Mehl (Type 550), plus etwas mehr zum Bestäuben

175 g Weizenvollkornmehl

1½ TL Salz

1 Tütchen Trockenhefe

25 g Butter, gewürfelt

1 EL Rohrzucker

300 ml lauwarmes Wasser

Sonnenblumenöl, zum Einfetten

1. Haferflocken, beide Mehlsorten, Salz und Hefe mischen. Die Butter hineinreiben und den Zucker untermischen. Eine Vertiefung in die Mitte drücken und das Wasser hineingießen. Zu einem weichen, klebrigen Teig verarbeiten. Auf einer leicht bemehlten Arbeitsfläche 5–7 Minuten kräftig zu einem glatten, elastischen Teig kneten. Zu einer Kugel formen, in eine Schüssel geben, mit geölter Frischhaltefolie abdecken und an einem warmen Ort 1 Stunde gehen lassen, bis sich das Teigvolumen verdoppelt hat. Ein Backblech leicht mit Öl einfetten.

2. Den Teig auf einer leicht bemehlten Arbeitsfläche 1 Minute durchkneten. Zu einem 25 cm langen Oval formen und auf das Backblech setzen. Die Oberfläche 6–8-mal einritzen. Locker mit geölter Frischhaltefolie abdecken und an einem warmen Ort weitere 30 Minuten gehen lassen, bis sich das Teigvolumen erneut verdoppelt hat.

3. Den Backofen auf 220 °C vorheizen. Den Laib mit Wasser bestreichen und mit einer Handvoll Haferflocken bestreuen. Im Ofen 25–30 Minuten backen, bis er goldbraun ist. Auf einem Kuchengitter erkalten lassen.

EINFRIEREN
Das Brot lässt
sich bis zu
1 Monat einfrie-
ren. Lassen Sie
es 3–4 Stunden
bei Zimmertem-
peratur auftauen.

Maisbrot

ERGIBT
1 Laib

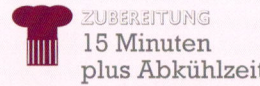
ZUBEREITUNG
15 Minuten
plus Abkühlzeit

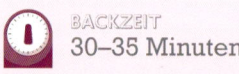
BACKZEIT
30–35 Minuten

Nährwerte pro Laib	3247 kcal, 171 g Fett, davon 89 g gesättigt, 19 g Zucker, 12,8 g Salz

Polenta verleiht diesem hefefreien Brot eine schöne gelbe Farbe und ein besonderes Aroma.

ZUTATEN

Pflanzenöl, zum Einfetten

175 g Mehl

1 TL Salz

1 Tütchen Backpulver

1 TL Feinstzucker

280 g Polenta (Maisgrieß)

120 g weiche Butter

4 Eier

250 ml Milch

3 EL Schlagsahne

1. Den Backofen auf 200 °C vorheizen. Eine quadratische Backform (20 cm x 20 cm) mit Öl einfetten.

2. Mehl, Salz und Backpulver in eine Schüssel sieben. Zucker und Polenta untermischen. Die Butter zufügen und durch schneidende Bewegungen mit einem Messer in die trockenen Zutaten arbeiten. Dann mit den Fingern hineinreiben, bis eine feinkrümelige Masse entstanden ist.

3. Die Eier in einer Schüssel mit Milch und Sahne verquirlen. Zur Polentamischung gießen und alles zu einem glatten Teig verarbeiten.

4. Den Teig in die vorbereitete Form füllen und glatt streichen. Im vorgeheizten Ofen 30–35 Minuten backen, bis ein in die Mitte gestochenes Holzstäbchen sauber wieder herauskommt. Das Brot 5–10 Minuten abkühlen lassen, dann in Stücke schneiden und warm servieren.

Früchtebrot

 **ERGIBT**
1 Laib

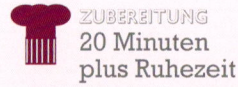 **ZUBEREITUNG**
20 Minuten
plus Ruhezeit

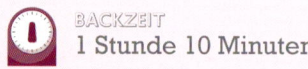 **BACKZEIT**
1 Stunde 10 Minuten

Nährwerte pro Laib	3810 kcal, 120 g Fett, 66 g davon gesättigt, 306 g Zucker, 2,4 g Salz

Dieses süße, fruchtig-würzige Hefebrot schmeckt am besten leicht getoastet und gebuttert.

ZUTATEN

500 g Mehl (Type 550), plus etwas mehr zum Bestäuben

1 Prise Salz

2 TL Lebkuchengewürz

120 g Butter, gewürfelt

1 Tütchen Trockenhefe

120 g feiner Rohrohrzucker

120 g Korinthen

120 g Sultaninen

25 g Orangeat, gehackt

25 g Zitronat, gehackt

fein abgeriebene Schale von 1 Orange

1 Ei, verquirlt

150 ml lauwarme Milch

Pflanzenöl, zum Einfetten

1. Mehl, Salz und Lebkuchengewürz in eine große Schüssel sieben. Die Butter mit den Fingern hineinreiben, bis eine feinkrümelige Masse entstanden ist. Hefe, Zucker, Trockenfrüchte, Orangeat, Zitronat und Orangenschale untermischen. Ei und Milch zugeben und alles zu einem weichen Teig verarbeiten.

2. Den Teig auf einer leicht bemehlten Arbeitsfläche kurz durchkneten. Eine Schüssel mit Mehl bestäuben. Den Teig zu einer Kugel formen und in die Schüssel geben. Abgedeckt an einem warmen Ort 2 Stunden gehen lassen.

3. Eine Kastenform (1 l Inhalt) einfetten. Den Teig auf einer leicht bemehlten Arbeitsfläche nochmals kurz durchkneten, dann in die Form geben. Abgedeckt an einem warmen Ort weitere 20 Minuten gehen lassen. Inzwischen den Backofen auf 180 °C vorheizen. Das Früchtebrot darin 1 Stunde 10 Minuten backen, bis es gut aufgegangen und goldbraun ist. Das Brot in der Form erkalten lassen.

1

2

3

Roggenbrot

 **ERGIBT**
1 Laib

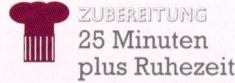 **ZUBEREITUNG**
25 Minuten
plus Ruhezeit

 **BACKZEIT**
30–35 Minuten

Nährwerte pro Laib	2040 kcal, 36 g Fett, davon 12 g gesättigt, 36 g Zucker, 7,2 g Salz

Dieses kräftige Roggenbrot hat ein feines Kümmelaroma und schmeckt am allerbesten, wenn es noch am Tag der Zubereitung serviert wird.

ZUTATEN

250 g Roggenmehl (Type 1150), plus etwas mehr zum Bestäuben

250 g Mehl (Type 550)

1½ TL Salz

1 EL Kümmelsamen

1 Tütchen Trockenhefe

25 g Butter, zerlassen

2 EL Honig, erwärmt

300 ml lauwarmes Wasser

Sonnenblumenöl, zum Einfetten

1. Beide Mehlsorten, Salz, Kümmel und Hefe in einer großen Schüssel mischen und eine Vertiefung in die Mitte drücken. Butter, Honig und Wasser mischen und hineingießen. Durch schneidende Bewegungen mit einem Messer mit den trockenen Zutaten zu einem weichen, klebrigen Teig verarbeiten. Ein Backblech leicht mit Öl einfetten.

2. Den Teig auf einer leicht bemehlten Arbeitsfläche etwa 10 Minuten kräftig durchkneten, bis er glatt und elastisch ist. Zu einem Oval formen und auf das vorbereitete Backblech setzen. Den Teig auf der Oberseite gitterförmig einritzen, dünn mit Mehl bestäuben und abgedeckt an einem warmen Ort 1–1½ Stunden gehen lassen, bis sich das Teigvolumen verdoppelt hat.

3. Inzwischen den Backofen auf 190 °C vorheizen. Das Brot im vorgeheizten Ofen 30–35 Minuten backen, bis sich eine schöne, goldbraune Kruste gebildet hat. Das Brot ist durchgebacken, wenn es sich beim Klopfen gegen die Unterseite hohl anhört. Auf einem Kuchengitter erkalten lassen.

1

2

2

DAZU PASST

Das Brot in dünne Scheiben schneiden, mit Mayonnaise dünn bestreichen, mit Räucherlachsscheiben und Avocadospalten belegen und diese mit etwas Zitronensaft beträufeln.

Milchbrötchen

 ERGIBT
12 Stück

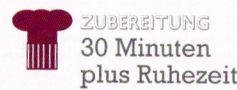 ZUBEREITUNG
30 Minuten
plus Ruhezeit

 BACKZEIT
12–15 Minuten

Nährwerte pro Stück	173 kcal, 7 g Fett, davon 4 g gesättigt, 2 g Zucker, 0,3 g Salz

Diese saftigen Brötchen mit der goldenen Kruste schmecken am besten, wenn sie noch lauwarm dick mit Butter bestrichen werden.

ZUTATEN

125 ml Milch

4 EL Wasser

5 EL weiche Butter, plus etwas mehr zum Bestreichen

350 g Mehl (Type 550), plus etwas mehr zum Bestäuben

1 Tütchen Trockenhefe

1 EL Zucker

½ TL Salz

1 Ei (Größe L), verquirlt

Sonnenblumenöl, zum Einfetten

1. Milch, Wasser und 2 Esslöffel Butter in einem kleinen Topf auf 43–45 °C erhitzen. Mehl, Hefe, Zucker und Salz in einer großen Schüssel mischen und eine Vertiefung in die Mitte drücken. 6 Esslöffel Milchmischung und das Ei hineingeben und nach und nach das Mehl vom Rand einarbeiten. Die restliche Milchmischung esslöffelweise unterkneten, bis ein weicher Teig entstanden ist.

2. Eine Schüssel mit Öl ausstreichen. Den Teig auf einer leicht bemehlten Arbeitsfläche 8–10 Minuten kräftig durchkneten, bis er glatt und elastisch ist. Den Teig zu einer Kugel formen und in die Schüssel geben. Abgedeckt an einem warmen Ort 1 Stunde gehen lassen, bis sich das Teigvolumen verdoppelt hat.

3. Den Teig auf einer leicht bemehlten Arbeitsfläche kurz durchkneten. Mit der umgedrehten Schüssel abdecken und weitere 10 Minuten gehen lassen. Inzwischen den Backofen auf 200 °C vorheizen und ein Backblech dünn mit Mehl bestäuben. Die restliche Butter in einem kleinen Topf bei mittlerer Hitze zerlassen.

4. Eine Teigrolle leicht mit Mehl bestäuben und den Teig 5 mm dick ausrollen. Mit einer bemehlten Ausstechform (8 cm Ø) 12 Kreise ausstechen. Die Teigreste zusammenkneten und neu ausrollen. Die Kreismitte mit zerlassener Butter bestreichen. Den Teig mit einem bemehlten Kochlöffelstiel ringsum eindrücken. Die Teigränder nach innen schlagen und zusammendrücken. Fertig geformte Brötchen auf das Backblech setzen und mit einem sauberen Tuch abdecken.

5. Die Brötchen dünn mit zerlassener Butter bestreichen und im vorgeheizten Ofen 12–15 Minuten backen, bis sie goldbraun sind. Die Brötchen sind durchgebacken, wenn sie sich beim Klopfen gegen die Unterseite hohl anhören. Auf einem Kuchengitter erkalten lassen.

Mohn- und Sesambrötchen

 ERGIBT
8 Stück

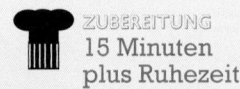 ZUBEREITUNG
15 Minuten
plus Ruhezeit

 BACKZEIT
10–15 Minuten

Nährwerte pro Stück	221 kcal, 4 g Fett, davon 0,5 g gesättigt, 1 g Zucker, 0,7 g Salz

*Sie werden nie wieder Mohn- und Sesambrötchen vom
Bäcker mögen, wenn Sie diese erst einmal probiert haben.*

ZUTATEN

500 g Mehl (Type 550), plus etwas
mehr zum Bestäuben

1 TL Salz

1 Tütchen Trockenhefe

1 EL Pflanzenöl, plus etwas mehr
zum Bestreichen

350 ml lauwarmes Wasser

1 Ei, verquirlt

Sesam- und Mohnsaat, zum
Bestreuen

1. Mehl, Salz und Hefe in einer großen Schüssel vermischen. Öl und Wasser zugießen und mit den trockenen Zutaten zu einem glatten Teig verarbeiten.

2. Den Teig auf einer leicht bemehlten Arbeitsfläche 5–7 Minuten kräftig durchkneten, bis er glatt und elastisch ist. Eine Schüssel mit Öl ausstreichen. Den Teig zu einer Kugel formen und in die Schüssel geben. Mit einem feuchten Tuch abdecken und an einem warmen Ort 1 Stunde gehen lassen, bis sich das Teigvolumen verdoppelt hat.

3. Den Teig auf einer leicht bemehlten Arbeitsfläche nochmals kurz durchkneten, dann in acht Portionen teilen. Die Hälfte davon zu einfachen runden Brötchen formen, aus den anderen vier große und vier kleine Kugeln formen und diese aufeinandersetzen. Alle acht Brötchen auf ein mit Backpapier belegtes Backblech setzen.

4. Abgedeckt an einem warmen Ort weitere 30 Minuten gehen lassen, bis sich das Volumen der Brötchen verdoppelt hat.

5. Inzwischen den Backofen auf 220 °C vorheizen. Die Brötchen mit dem Ei bestreichen und mit den Saaten bestreuen. Im vorgeheizten Ofen 10–15 Minuten backen, bis sie goldbraun sind. Die Brötchen sind durchgebacken, wenn sie sich beim Klopfen gegen die Unterseite hohl anhören. Auf einem Kuchengitter erkalten lassen.

Register

Ahornsirup
  Pekannuss-Pie 288
Ananas
  Kolibri-Cupcakes 80
  Ananas-Cupcakes 78
  Ananas-Kokos-Kranz 50
Äpfel
  Apfel-Brombeer-Crumble 248
  Apfel-Hafer-Cookies 184
  Apfel-Pie 270
  Apfel-Zimt-Muffins 114
  Apfelstreusel-Cupcakes 86
  Apfelstreuselkuchen 36
  Apfeltaschen 258
  Bratäpfel mit Rotweinglasur 264
  Cranberrymuffins 110
  Mini-Apfel-Pies 284
Aprikosen
  Brotpudding 236
  Haferflockenriegel mit Aprikosen 160
Aromen 11
Aufschlagen 12

Backen 8
  Blindbacken 12
  Methoden und Techniken 12–13
  Tipps 8–9
  Zubehör 14–15
  Zutaten 10–11
Backformen 14
  Einfetten und bestäuben 14
Backzeiten 15
Baiser
  Gebackene Eisbomben 242
  Key Lime Pie 286
  Kokosbaiser-Schnitten 158
  Vanillemakronen 152
  Zitronen-Baiser-Pie 278
Bananen
  Bananencreme-Pie 274
  Bananenschichtdessert 240
  Bananen-Toffee-Pie 290
  Kolibri-Cupcakes 80
  Zimt-Walnuss-Torte 56
Beeren
  Beerenkranz 52
  Beerenmuffins 106
  Cupcakes mit „frostigen" Beeren 74
  siehe auch Blaubeeren; Brombeeren;
    Cranberrys; Himbeeren; Rote
    Johannisbeeren
Biscotti 206
Blaubeeren
  Beerenmuffins 106
  Blaubeer-Käsekuchen 218
  Blaubeer-Polenta-Kuchen 26
  Blaubeer-Scones 128
  Blaubeermuffins 92
  Sommerliche Beerentorte 20
Blitz-Schoko-Cookies 188
Bratäpfel mit Rotweinglasur 264
Brombeeren
  Apfel-Brombeer-Crumble 248
  Beerenmuffins 106

Brot
  Früchtebrot 308
  Fünfkornbrot 302
  Haferbrot 304
  Kastenweißbrot 296
  Maisbrot 306
  Milchbrötchen 312
  Mohn- und Sesambrötchen 314
  Roggenbrot 310
  Sauerteigbrot 300
  Vollkornbrot 298
Brotpudding 236
Brownies
  Brownies mit Schokoladensauce 254
  Schoko-Kirsch-Brownies 136
  Schoko-Zimt-Brownies 134
Buttercreme
  Grashüpfertorte 60
  Klassische Vanille-Cupcakes 68
  Mokka-Walnuss-Torte 64
  Party-Cupcakes 90
  Schokoladenbuttercremefüllung 120
  Vanillemakronen 152
  Zimt-Walnuss-Torte 56
Buttermilch
  Blaubeer-Scones 128
  Chocolate-Chip-Muffins 94
  Cranberry-Orangen-Scones 132
  Mokkakranz 22
  Purpur-Cupcakes 70
  Vanille-Woopies 120
  Zimt-Mokka-Whoopies 122

Cappuccino-Soufflés 230
Cappuccino-Taler 186
Cookies mit Macadamianüssen & weißer
  Schokolade 192
Cranberrys
  Kokos-Cranberry-Cookies 176
  Cranberry-Orangen-Scones 132
  Cranberrymuffins 110
Cupcakes
  Ananas-Cupcakes 78
  Apfelstreusel-Cupcakes 86
  Cupcakes mit „frostigen" Beeren 74
  Glasierte Schokoladen-Cupcakes 72
  Kirsch-Sahne-Cupcakes 82
  Klassische Vanille-Cupcakes 68
  Kolibri-Cupcakes 80
  Party-Cupcakes 90
  Purpur-Cupcakes 70
  Rosen-Cupcakes 84
  Schokoladencreme-Cupcakes 76
  Tiramisu-Cupcakes 88

Datteln
  Dattel-Pistazien-Finger 150
  Früchtekuchen 58
  Früchtekuchen mit Karamellsauce 232
Doppelschoko-Pekannuss-Blondies 140

Eier 11, 12
  Ananas-Cupcakes 78
  Apfel-Zimt-Muffins 114
  Beerenkranz 52
  Beerenmuffins 106

Blaubeermuffins 92
Chocolate-Chip-Muffins 94
Cupcakes mit „frostigen" Beeren 74
Doppelschoko-Pekannuss-Blondies 140
Früchtekuchen 58
Ganache-Schokoladen-Torte 54
Gefüllter Biskuit mit Schokohaube 48
Glasierte Schokoladen-Cupcakes 72
Italienische Kaffeetorte 42
Karamell-Käsekuchen 220
Kirsch-Käsekuchen 226
Kirsch-Sahne-Cupcakes 82
Klassische Schokoladentorte 18
Klassische Vanille-Cupcakes 68
Kokostorte 46
Kolibri-Cupcakes 80
Maisbrot 306
New York Cheesecake 224
Rosen-Cupcakes 84
Rosinen-Kleie-Muffins 96
Rüblischnitten 124
Schoko-Kirsch-Brownies 136
Schoko-Sauerkirsch-Muffins 104
Schoko-Zimt-Brownies 134
Schokoladen-Orangen-Muffins 98
Schokoladencreme-Cupcakes 76
Tiramisu-Cupcakes 88
Toffee-Blondies 138
Eiscreme
  Gebackene Eisbomben 242
Erdbeeren
  Erdbeer-Sahne-Sandwichs 126
  Sommerliche Beerentorte 20
  Sommerliche Mini-Beeren-Pies 280
  Victoria-Torte 28
Erdnussbutter
  Erdnuss-Fudge-Muffins 112
  Erdnuss-Schoko-Pie 292
  Erdnussplätzchen 212

Fette 10
Frischkäsecreme
  Ananas-Cupcakes 78
  Cupcakes mit „frostigen" Beeren 74
  Erdnuss-Schoko-Pie 292
  Italienische Kaffeetorte 42
  Kokostorte 46
  Kolibri-Cupcakes 80
  Kürbis-Gewürz-Kuchen 40
  Purpur-Cupcakes 70
  Rosen-Cupcakes 84
  Rote Samttorte 24
  Rüblischnitten 124
  Sommerliche Beerentorte 20
  Tiramisu-Cupcakes 88
  Zimt-Mokka-Whoopies 122
Früchtebrot 308
Früchtekuchen 58
Früchtekuchen mit Karamellsauce 232
Fünfkornbrot 302

Ganache-Schokoladen-Torte 54
Gebackene Eisbomben 242
Gebackener Gewürzpudding 246
Gefüllter Biskuit mit Schokohaube 48
Geschenkkekse 196

Glasur
  Bratäpfel mit Rotweinglasur 264
  Cappuccino-Taler 186
  Geschenkkekse 196
  Glasierte Schokoladen-Cupcakes 72
  Ingwer-Schoko-Schnitten 162
  Ingwerbrot 44
  Karamell-Käsekuchen 220
  Madeirakuchen 34
  Mokkakranz 22
  Mokkatorte mit weißer
    Schokoladencreme 32
  Nusskranz mit Ahornsirup 62
  Rum-Cookies 180
  Schneekristallplätzchen 204
  Schoko-Minz-Plätzchen 178
  Schoko-Sauerkirsch-Muffins 104
  Schoko-Zimt-Brownies 134
  Schwarz-Weiß-Plätzchen 172
  Zimt-Scones 130
  siehe auch Überzug
Grashüpfertorte 60

Haferflocken
  Apfel-Hafer-Cookies 184
  Cranberrymuffins 110
  Einfache Müsliriegel 164
  Haferbrot 304
  Hafer-Cookies 170
  Haferflockenriegel mit Aprikosen 160
  Ingwer-Schoko-Schnitten 162
Handrührer 14
Haselnüsse
  Apfelstreuselkuchen 36
  Bananen-Toffee-Pie 290
  Zimtsterne 190
Heferezepte
  Früchtebrot 308
  Fünfkornbrot 302
  Haferbrot 304
  Kastenweißbrot 296
  Milchbrötchen 312
  Mohn- und Sesambrötchen 314
  Roggenbrot 310
  Vollkornbrot 298
Himbeeren
  Beerenmuffins 106
  Muffins mit weißer Schokolade &
    Himbeeren 100
  Muffins „Pfirsich Melba" 102
  Sommerliche Beerentorte 20
  Sommerliche Mini-Beeren-Pies 280
Honig
  Dattel-Pistazien-Finger 150
  Haferflockenriegel mit Aprikosen 160
  Portweinpflaumen 244
  Roggenbrot 310

Ingwer
  Apfel-Pie 270
  Gebackener Gewürzpudding 246
  Ingwer-Schoko-Schnitten 162
  Ingwerbrot 44
  Ingwernüsse 200
  Kürbis-Pie 268
  Schneekristallplätzchen 204
Irish-Toffee-Muffins 108
Italienische Kaffeetorte 42

Joghurt
  Blaubeer-Polenta-Kuchen 26
  Kirsch-Käsekuchen 226
  Zitronen-Käsekuchen 222

Kaffee
  Cappuccino-Soufflés 230
  Cappuccino-Taler 186
  Espressofüllung 122
  Irish-Toffee-Muffins 108
  Italienische Kaffeetorte 42
  Mokka-Walnuss-Puddings 238
  Mokka-Walnuss-Torte 64
  Mokkakranz 22
  Mokkatorte mit weißer
    Schokoladencreme 32
  Tiramisu-Cupcakes 88
Kahlúa
  Cappuccino-Soufflés 230
Karamell
  Früchtekuchen mit Karamellsauce 232
  Karamell-Käsekuchen 220
  Karamell-Popcorn 228
  Karamellschnitten 154
  Nuss-Karamell-Sauce 238
Käsekuchen
  Blaubeer-Käsekuchen 218
  Karamell-Käsekuchen 220
  Kirsch-Käsekuchen 226
  New York Cheesecake 224
  Zitronen-Käsekuchen 222
Kastenweißbrot 296
Kirschen
  Kirsch-Käsekuchen 226
  Kirsch-Pie 276
  Kirsch-Sahne-Cupcakes 82
  Sauerkirschtorte 30
  Schoko-Kirsch-Brownies 136
  Schoko-Sauerkirsch-Muffins 104
  Schoko-Minz-Plätzchen 178
Keksboden
  Bananen-Toffee-Pie 290
  Blaubeer-Käsekuchen 218
  Karamell-Käsekuchen 220
  Key Lime Pie 286
  Kirsch-Käsekuchen 226
  Erdnuss-Schoko-Pie 292
  New York Cheesecake 224
  Zitronen-Käsekuchen 222
Kekse siehe Plätzchen
Key Lime Pie 286
Klassische Schokoladentorte 18
Klassische Vanille-Cupcakes 68
Kleie
  Rosinen-Kleie-Muffins 96
Kleine Schokocreme-Pies 272
Kleingebäck
  Apfeltaschen 258
  Dattel-Pistazien-Finger 150
  Erdbeer-Sahne-Sandwichs 126
  Kleine Schokocreme-Pies 272
  Mini-Apfel-Pies 284
  Profiteroles 262
  Sommerliche Mini-Beeren-Pies 280
  Toffee-Schoko-Törtchen 252
  Zimtschnecken 260
  siehe auch Brownies; Cupcakes; Muffins;
    Scones

Kneten 13
Kokosnuss
  Ananas-Kokos-Kranz 50
  Kokos-Cranberry-Cookies 176
  Kokos-Pie 294
  Kokosbaiser-Schnitten 158
  Kokostorte 46
  Tropischer Milchreis 256
Kolibri-Cupcakes 80
Kondensmilch
  Bananen-Toffee-Pie 290
  Karamellschnitten 154
  Key Lime Pie 286
  Kürbis-Pie 268
Konfitüre
  Erdbeer-Sahne-Sandwichs 126
  Kokosbaiser-Schnitten 158
  Sommerliche Beerentorte 20
  Victoria-Torte 28
Kuchen
  Ananas-Kokos-Kranz 50
  Apfel-Pie 270
  Apfelstreuselkuchen 36
  Bananencreme-Pie 274
  Bananen-Toffee-Pie 290
  Beerenkranz 52
  Blaubeer-Käsekuchen 218
  Blaubeer-Polenta-Kuchen 26
  Doppelschoko-Pekannuss-Blondies 140
  Einfache Müsliriegel 164
  Erdbeer-Sahne-Sandwichs 126
  Erdnuss-Schoko-Pie 292
  Früchtekuchen 58
  Früchtekuchen mit Karamellsauce 232
  Haferflockenriegel mit Aprikosen 160
  Ingwer-Schoko-Schnitten 162
  Ingwerbrot 44
  Karamell-Käsekuchen 220
  Karamellschnitten 154
  Key Lime Pie 286
  Kirsch-Käsekuchen 226
  Kirsch-Pie 276
  Kokos-Pie 294
  Kokosbaiser-Schnitten 158
  Kürbis-Gewürz-Kuchen 40
  Kürbis-Pie 268
  Madeirakuchen 34
  Marshmallow-Riegel 146
  Mokkakranz 22
  New York Cheesecake 224
  Nusskranz mit Ahornsirup 62
  Pekannuss-Pie 288
  Pfirsich-Pie mit Streuseln 282
  Rüblischnitten 124
  Toffee-Blondies 138
  Zitronen-Baiser-Pie 278
  Zitronen-Käsekuchen 222
  siehe auch Brownies
Küchenmaschine 14
Kürbis-Pie 268
Kürbis-Gewürz-Kuchen 40

Limetten
  Key Lime Pie 286
Lollis
  Keks-Lollis 214
  Kuchen-Lollis 142
  Schoko-Minz-Lollis 144

Macadamianüsse
    Cookies mit Macadamianüssen & weißer
      Schokolade 192
    Toffee-Blondies 138
Madeirakuchen 34
Maisbrot 306
Makronen
    Vanillemakronen 152
Mandeln
    Bananen-Toffee-Pie 290
    Blaubeer-Polenta-Kuchen 26
    Cupcakes mit „frostigen" Beeren 74
    Früchtekuchen 58
    Karamellschnitten 154
    Rüblischnitten 124
    Sauerkirschtorte 30
    Vanillemakronen 152
Marshmallows
    Doppelkekse mit Marshmallows 194
    Marshmallow-Riegel 146
    Rocky-Road-Riegel 148
    Schoko-Minz-Lollis 144
Mascarponecreme siehe Frischkäsecreme
Mehl 10
Messlöffel und -becher 15
Mini-Apfel-Pies 284
Mokka-Walnuss-Puddings 238
Mokka-Walnuss-Torte 64
Mokkakranz 22
Mokkatorte mit weißer
    Schokoladencreme 32
Muffins
    Apfel-Zimt-Muffins 114
    Beerenmuffins 106
    Blaubeermuffins 92
    Chocolate-Chip-Muffins 94
    Cranberrymuffins 110
    Erdnuss-Fudge-Muffins 112
    Irish-Toffee-Muffins 108
    Muffins mit weißer Schokolade &
      Himbeeren 100
    Muffins „Pfirsich Melba" 102
    Rosinen-Kleie-Muffins 96
    Schoko-Sauerkirsch-Muffins 104
    Schokoladen-Orangen-Muffins 98

New York Cheesecake 224
Nocken
    Pfirsichnocken 250
Nüsse 11
    Apfelstreuselkuchen 36
    Bratäpfel mit Rotweinglasur 264
    Erdnuss-Fudge-Muffins 112
    Muffins „Pfirsich Melba" 102
    Nuss-Cookies 210
    Rocky-Road-Riegel 148
    Schoko-Nuss-Konfekt 156
    siehe auch Erdnussbutter; Haselnüsse;
      Macadamianüsse; Mandeln; Pekannüsse;
      Pistazien; Walnüsse

Ofen 15
Orangen
    Apfeltaschen 258
    Cranberry-Orangen-Scones 132
    Früchtebrot 308
    Früchtekuchen 58
    Geschenkkekse 196

Kürbis-Gewürz-Kuchen 40
New York Cheesecake 224
Schokoladen-Orangen-Muffins 98

Pekannüsse
    Doppelschoko-Pekannuss-Blondies 140
    Karamell-Käsekuchen 220
    Karamell-Popcorn 228
    Kolibri-Cupcakes 80
    Nusskranz mit Ahornsirup 62
    Pekannuss-Pie 288
    Schoko-Zimt-Brownies 134
Pfirsiche
    Muffins „Pfirsich Melba" 102
    Pfirsich-Pie mit Streuseln 282
    Pfirsichnocken 250
Pflaumen
    Portweinpflaumen 244
Pies
    Apfel-Pie 270
    Bananen-Toffee-Pie 290
    Bananencreme-Pie 274
    Erdnuss-Schoko-Pie 292
    Key Lime Pie 286
    Kirsch-Pie 276
    Kleine Schokocreme-Pies 272
    Kokos-Pie 294
    Kürbis-Pie 268
    Mini-Apfel-Pies 284
    Pekannuss-Pie 288
    Pfirsich-Pie mit Streuseln 282
    Sommerliche Mini-Beeren-Pies 280
    Zitronen-Baiser-Pie 278
Pistazien
    Biscotti 206
    Dattel-Pistazien-Finger 150
Plätzchen
    Apfel-Hafer-Cookies 184
    Biscotti 206
    Blitz-Schoko-Cookies 188
    Butterplätzchen 202
    Cappuccino-Taler 186
    Chocolate-Chip-Cookies 168
    Cookies mit Macadamianüssen & weißer
      Schokolade 192
    Doppelkekse mit Marshmallows 194
    Erdnussplätzchen 212
    Geschenkkekse 196
    Hafer-Cookies 170
    Ingwernüsse 200
    Keks-Lollis 214
    Kokos-Cranberry-Cookies 176
    Nuss-Cookies 210
    Riesen-Cookies 182
    Rum-Cookies 180
    Schneekristallplätzchen 204
    Schoko-Minz-Plätzchen 178
    Schokoladen-Whoopies 118
    Schottische Shortbreads mit
      Schokolade 208
    Schwarz-Weiß-Plätzchen 172
    Toffee-Cookies 198
    Vanille-Woopies 120
    Vanillemakronen 152
    Zimt-Mokka-Whoopies 122
    Zimtsterne 190
    Zimtzuckerplätzchen 174

Polenta
    Blaubeer-Polenta-Kuchen 26
    Gebackener Gewürzpudding 246
    Maisbrot 306
Popcorn
    Karamell-Popcorn 228
Portweinpflaumen 244
Profiteroles 262
Puddings
    Brotpudding 236
    Früchtekuchen mit Karamellsauce 232
    Gebackener Gewürzpudding 246
    Mokka-Walnuss-Puddings 238
    Schokoladenpuddings 234
    Tropischer Milchreis 256
Purpur-Cupcakes 70

Riesen-Cookies 182
Rocky-Road-Riegel 148
Rosinen
    Apfel-Hafer-Cookies 184
    Einfache Müsliriegel 164
    Rosinen-Kleie-Muffins 96
Rote Johannisbeeren
    Beerenmuffins 106
    Sommerliche Mini-Beeren-Pies 280
Rote Samttorte 24
Reis
    Tropischer Milchreis 256
Roggenbrot 310
Rosenblütenblätter
    Rosen-Cupcakes 84
Rüblischnitten 124
Rührschüsseln 15
Rum
    Gebackene Eisbomben 242
    Rum-Cookies 180
    Rumsauce 236

Sahne
    Bananenschichtdessert 240
    Bananen-Toffee-Pie 290
    Bananencreme-Pie 274
    Beschwipste Sahne 268
    Blaubeer-Käsekuchen 218
    Erdbeer-Sahne-Sandwichs 126
    Erdnuss-Schoko-Pie 292
    Gefüllter Biskuit mit Schokohaube 48
    Glasierte Schokoladen-Cupcakes 72
    Irish-Toffee-Muffins 108
    Karamell-Käsekuchen 220
    Kleine Schokocreme-Pies 272
    Kokos-Pie 294
    Konditorencreme 48
    Maisbrot 306
    Mokkakranz 22
    New York Cheesecake 224
    Nusskranz mit Ahornsirup 62
    Orangensahne 258
    Profiteroles 262
    Schokoladencremetorte 38
    Schwarz-Weiß-Plätzchen 172
    Victoria-Torte 28
Samen
    Fünfkornbrot 302
    Haferflockenriegel mit Aprikosen 160

Mohn- und Sesambrötchen 314
Roggenbrot 310
Sauerteigbrot 300
Schneekristallplätzchen 204
Schokolade 11
  Brownies mit Schokoladensauce 254
  Cappuccino-Soufflés 230
  Cappuccino-Taler 186
  Chocolate-Chip-Cookies 168
  Chocolate-Chip-Muffins 94
  Cookies mit Macadamianüssen & weißer
    Schokolade 192
  Doppelschoko-Pekannuss-Blondies 140
  Erdnuss-Schoko-Pie 292
  Ganache 48, 54
  Ganache-Schokoladen-Torte 54
  Gefüllter Biskuit mit Schokohaube 48
  Glasierte Schokoladen-Cupcakes 72
  Grashüpfertorte 60
  Ingwer-Schoko-Schnitten 162
  Italienische Kaffeetorte 42
  Karamellschnitten 154
  Klassische Schokoladentorte 18
  Kleine Schokocreme-Pies 272
  Kuchen-Lollis 142
  Mokkatorte mit weißer
    Schokoladencreme 32
  Muffins mit weißer Schokolade &
    Himbeeren 100
  Nuss-Cookies 210
  Profiteroles 262
  Riesen-Cookies 182
  Rocky-Road-Riegel 148
  Rosen-Cupcakes 84
  Sauerkirschtorte 30
  Schoko-Kirsch-Brownies 136
  Schoko-Minz-Lollis 144
  Schoko-Minz-Plätzchen 178
  Schoko-Nuss-Konfekt 156
  Schoko-Sauerkirsch-Muffins 104
  Schoko-Zimt-Brownies 134
  Schokolade schmelzen 13
  Schokoladencremetorte 38
  Schokoladen-Orangen-Muffins 98
  Schokoladen-Whoopies 118
  Schokoladenbuttercremefüllung 120
  Schokoladencreme-Cupcakes 76
  Schokoladencremetorte 38
  Schokoladenglasur 104
  Schokoladenpuddings 234
  Schokoladensauce 82, 254, 262
  Schottische Shortbreads mit
    Schokolade 208
  Schwarz-Weiß-Plätzchen 172
  Toffee-Schoko-Törtchen 252
Schwarz-Weiß-Plätzchen 172
Scones
  Blaubeer-Scones 128
  Cranberry-Orangen-Scones 132
  Zimt-Scones 130
Shortbread
  Schottische Shortbreads mit
    Schokolade 208
Siebe 15
Sirup 10–11
  Blitz-Schoko-Cookies 188
  Ingwerbrot 44

Ingwernüsse 200
Karamell-Popcorn 228
Karamellschnitten 154
Mokkakranz 22
Pekannuss-Pie 288
Schneekristallplätzchen 204
Sommerliche Mini-Beeren-Pies 280
Soufflés
  Cappuccino-Soufflés 230
Spritzbeutel und -tüllen 13, 15
Streusel
  Apfel-Brombeer-Crumble 248
  Apfelstreusel-Cupcakes 86
  Apfelstreuselkuchen 36
  Pfirsich-Pie mit Streuseln 282

Tiramisu-Cupcakes 88
Toffee
  Bananen-Toffee-Pie 290
  Früchtekuchen mit Karamellsauce 232
  Marshmallow-Riegel 146
  Toffee-Cookies 198
  Toffee-Schoko-Törtchen 252
Torten
  Ganache-Schokoladen-Torte 54
  Gefüllter Biskuit mit Schokohaube 48
  Grashüpfertorte 60
  Italienische Kaffeetorte 42
  Klassische Schokoladentorte 18
  Kokostorte 46
  Mokka-Walnuss-Torte 64
  Mokkatorte mit weißer
    Schokoladencreme 32
  Rote Samttorte 24
  Sauerkirschtorte 30
  Schokoladencremetorte 38
  Sommerliche Beerentorte 20
  Victoria-Torte 28
  Zimt-Walnuss-Torte 56
Triebmittel 11
Trockenfrüchte 11
  Apfel-Hafer-Cookies 184
  Brotpudding 236
  Einfache Müsliriegel 164
  Früchtebrot 308
  Früchtekuchen 58
  Gebackene Eisbomben 242
  Gebackener Gewürzpudding 246
  Kürbis-Gewürz-Kuchen 40
  Mini-Apfel-Pies 284
  Rüblischnitten 124
  Tropischer Milchreis 256
  Zimt-Scones 130
  Zimtschnecken 260
Tropischer Milchreis 256

Überzug 13
  Ananas-Cupcakes 78
  Ananas-Kokos-Kranz 50
  Cupcakes mit „frostigen" Beeren 74
  Doppelkekse mit Marshmallows 194
  Ganache-Schokoladen-Torte 54
  Gefüllter Biskuit mit Schokohaube 48
  Glasierte Schokoladen-Cupcakes 72
  Grashüpfertorte 60

Italienische Kaffeetorte 42
Klassische Schokoladentorte 18
Klassische Vanille-Cupcakes 68
Kokostorte 46
Kolibri-Cupcakes 80
Kuchen-Lollis 142
Kürbis-Gewürz-Kuchen 40
Mokka-Walnuss-Torte 64
Nuss-Cookies 210
Purpur-Cupcakes 70
Rosen-Cupcakes 84
Rote Samttorte 24
Sauerkirschtorte 30
Schoko-Minz-Lollis 144
Schokoladen-Orangen-Muffins 98
Schokoladencreme-Cupcakes 76
Schokoladencremetorte 38
Sommerliche Beerentorte 20
Tiramisu-Cupcakes 88
Zimt-Walnuss-Torte 56
siehe auch Glasur
Unterziehen 12
Utensilien 14–15

Vanille
  Klassische Vanille-Cupcakes 68
  Kuchen-Lollis 142
  Vanille-Woopies 120
  Vanillemakronen 152
Verreiben 12
Victoria-Torte 28
Vollkornbrot 298

Walnüsse
  Kürbis-Gewürz-Kuchen 40
  Mokka-Walnuss-Puddings 238
  Mokka-Walnuss-Torte 64
  Nuss-Karamell-Sauce 238
  Zimt-Walnuss-Torte 56

Zimt
  Apfel-Brombeer-Crumble 248
  Apfel-Pie 270
  Apfel-Zimt-Muffins 114
  Apfelstreusel-Cupcakes 86
  Gebackener Gewürzpudding 246
  Key Lime Pie 286
  Kürbis-Pie 268
  Mokka-Walnuss-Puddings 238
  Portweinpflaumen 244
  Schoko-Zimt-Brownies 134
  Zimt-Scones 130
  Zimt-Walnuss-Torte 56
  Zimtschnecken 260
  Zimtsterne 190
  Zimtzuckerplätzchen 174
Zitronen
  Blaubeer-Polenta-Kuchen 26
  Blaubeermuffins 92
  Butterplätzchen 202
  Kirsch-Käsekuchen 226
  Madeirakuchen 34
  New York Cheesecake 224
  Zitronen-Baiser-Pie 278
  Zitronen-Käsekuchen 222
Zucker 10–11
  Butterplätzchen 202
  Orangenzucker 258